Espírito de Cooperação no Trabalho

Espírito de Cooperação no Trabalho

Histórias de Coragem, Compaixão e Criatividade que Fazem Bem à Alma

Jack Canfield
Mark Victor Hansen
Maida Rogerson
Martin Rutte
Tim Clauss

Tradução
MIRTES FRANGE DE OLIVEIRA PINHEIRO

EDITORA CULTRIX
São Paulo

Título do original:
Chicken Soup for the Soul™ at Work

Gostaríamos de agradecer às seguintes editoras e pessoas por terem autorizado a reprodução do material que se segue. (Nota: as histórias que foram redigidas por pessoas anônimas, que são de domínio público ou foram escritas por Jack Canfield, Mark Victor Hansen, Maida Rogerson, Martin Rutte ou Tim Clauss não estão incluídas nesta lista.)

A luva de Jessie. Reproduzida com autorização de Rick Phillips. © 1996 Rick Phillips.

Subindo a escada para o céu. Reproduzida com autorização de Joanna Slan. © 1996 Joanna Slan.

Tudo em um dia de trabalho. Reproduzida com autorização de Naomi Rhode. © 1996 Naomi Rhode.

Ouvi uma vozinha. Reproduzida com autorização de Anne Walton. © 1996 Anne Walton.

(continua na página 282)

Copyright © 1996 Jack Canfield, Mark Victor Hansen, Martin Rutte, Maida Rogerson e Tim Clauss.

Publicado mediante acordo com Health Communications, Inc.
3201 S.W. 15th Street, Deerfield Beach, FL 33442-8124, USA.

Todos os direitos reservados. Nenhuma parte deste livro pode ser reproduzida ou usada de qualquer forma ou por qualquer meio, eletrônico ou mecânico, inclusive fotocópias, gravações ou sistema de armazenamento em banco de dados, sem permissão por escrito dos Editores.

Edição	O primeiro número à esquerda indica a edição, ou reedição, desta obra. A primeira dezena à direita indica o ano em que esta edição, ou reedição, foi publicada.	Ano
4-5-6-7-8-9-10-11		03-04-05-06-07

Direitos de tradução para o Brasil
adquiridos com exclusividade pela
EDITORA PENSAMENTO-CULTRIX LTDA.
Rua Dr. Mário Vicente, 368 – 04270-000 – São Paulo, SP
Fone: 272-1399 – Fax: 272-4770
E-mail: pensamento@cultrix.com.br
http://www.pensamento-cultrix.com.br
que se reserva a propriedade literária desta tradução.

Impresso em nossas oficinas gráficas.

Sua alegria deve estar no local onde você trabalha.
— Tertuliano

Com carinho, dedicamos este livro às almas trabalhadoras em geral, por seu trabalho de amor, assistência e determinação. Agradecemos imensamente sua energia, criatividade, interesse e compromisso. Que vocês, suas famílias e o mundo todo sejam abençoados por suas contribuições singulares.

É revoltante a maneira como a administração trata a todos nós como um bando de crianças. Mas estou começando a gostar de historinhas infantis.

Reproduzido com autorização de Randy Glasbergen.

Sumário

Agradecimentos 11
Introdução 15

1. O AMOR NO TRABALHO

A luva de Jessie *Rick Phillips* 19
Subindo a escada para o céu *Joanna Slan*.......................... 21
"Qualquer coisa de que você precise" *Martin Rutte* 23
Muito além do jardim *Roberto Zardo*.................................. 26
Tudo em um dia de trabalho *Naomi Rhode*........................ 28
Ouvi uma vozinha *Anne Walton*... 30
Papai Noel *Rachel Dyer Montross*....................................... 31
Uma vida de trabalho *Wyverne Flatt*.................................. 33
Pelo amor do meu pai *Rick Halvorsen*................................ 35

2. A RESPEITO DE SOLIDARIEDADE

Um exemplo a ser seguido *Édson Soares Ferreira*................... 41
Uma lição do meu pai *LaVonn Steiner* 45
Levando o coração para o trabalho *Sharon Drew Morgen*......... 47
Uma pedra na água *Sally K. O'Brien*.................................. 50
Simplesmente não consigo acreditar *Mary Ann Dockins* 53
Um anjo na soleira *Shirley Bachelder* 55
Papai Noel vai até Joana *Angela Barnett* 58
Os Arc'anjos *Jonathan Wygant* 60
Dando prioridade às pessoas *Robert Levering, Milton Moskowitz
  e Michael Katz*.. 63
"Obrigada por acreditar em mim" *Judy Tatelbaum* 65
Um gesto de bondade *Mike Teeley* 67

O poder de ser humano *Robert R. Ball*	69
Uma palavra gentil *Scott Adams*	72
O tira mais jovem do Arizona *Michael Cody*	74

3. O PODER DO AGRADECIMENTO

A história da baleia *Charles A. Coonradt*	79
Rica além da conta *Christine Barnes*	81
Guiando-se pelo coração *Hyler Bracey, Jack Rosenblum, Aubrey Sanford e Roy Trueblood*	83
Amigos para sempre... *J. P. Ribeiro*	85
Uma jovem chamada Lill *James M. Kennedy e James C. Kennedy*	90
"Seu trabalho é reconhecido!" *Gary Hruska*	93
Duas bananas maduras *Maida Rogerson*	95
O álbum de recortes *Gina Maria Jerome*	97
Um treinador com alma *Darrell J. Burnett*	100

4. NOVOS PADRÕES DE ATENDIMENTO

O serviço bancário na sua melhor forma *Sharon Borjesson*	105
Uma comissária de bordo apaixonada *Glenn Van Ekeren*	107
A massagem é a mensagem *Maida Rogerson*	109
Fora do cardápio *Barbara Glanz*	111
"Vamos começar de novo" *Richard Porter*	113
"Ah! Bambini!" *Editores do Conari Press*	115
Muito mais do que um simples atendente *Art Turock*	117
Um enterro diferente *Mário Grieco*	119
Atendimento ao consumidor não é brincadeira *Valerie Oberle*	122
Passe adiante *Kenneth G. Davis*	123
As manhãs de quarta-feira com Elvis *Joy Curci*	126
Vaca sagrada *Dennis J. McCauley*	128
Uma lição de um milhão de dólares *Petey Parker*	130
Como manter um cliente... mesmo que isso doa *Jeff Slutsky*	132
Além das expectativas *Milt Garrett*	135

5. SIGA O SEU CORAÇÃO

Apenas retribuindo *Alceu Brito Corrêa*	141
Criando boas recordações para amanhã *Joyce Ayer Brown*	143
Eu me surpreendi dizendo sim *Margaret J. Giannini*	147

Não escrevo bem *Linda Stafford*	149
Quando os sonhos não morrem *Marilyn Johnson Kondwani*	152
Debbie Fields consegue um "orientamento" *Celeste Fremon*	155
Um convite à reflexão *Jeff Hoye*	157
Bendito toalete! *Marty Raphael*	159
O abraço de um adolescente *Nancy Noel Marra*	162

6. CRIATIVIDADE NO TRABALHO

Uma sessão de quiropraxia *G. Stillwagon*	167
Fazendo o bem e fazendo bem-feito *Hanoch McCarty*	169
"Chega pra lá!" *Jeffrey Patnaude*	171
Brandão: *Advisor* *José Vicente da Silva*	174
Procure um sorriso e partilhe-o *John Murphy*	178
Seu tempo acabou *Martin Rutte*	180
Visão poética *John Lumsden*	181

7. SUPERANDO OBSTÁCULOS

Como chamar a atenção deles *Ann E. Weeks*	185
Atitude é tudo *Francie Baltazar-Schwartz*	187
Educação sempre! *Júlio Morsoletto*	189
Assumindo o comando! *Mike Wickett*	193
Os fantasmas *John Scherer*	194
Para ficar motivado *Mike Stewart*	197
Crédito, não caridade *Mohammad Yunus*	201
A pergunta *Bob Moore*	204
O sonho americano de Tony Trivisonno *Frederick C. Crawford*	205
A confusão do estragão *Reverendo Aaron Zerah*	209
O verdadeiro significado de companheirismo *Steven B. Wiley*	211

8. FALANDO EM CORAGEM

Billy *Jeff McMullen*	215
"Se eu fosse realmente importante..." *Susan Jeffers*	218
Pto Wilson *Frank Tadeu Ávila*	220
Aquele momento único *Chris Cavert*	223
Com um pouco de coragem, você vai longe *Sandra Crowe*	226
É preciso ousadia! *Jeff Hoye*	228
Uma platéia cativa *Neil Balter*	230
Um verdadeiro líder *Martin L. Johnson*	232

O líder dos escoteiros e o Pistoleiro *John Scherer* 234
Assuma uma posição *Denis Waitley* 238

9. LIÇÕES E PERCEPÇÕES

O cego *Helice Bridges* 241
Um profissional fora do comum *Kenneth L. Shipley* 245
126 maneiras de combater o *stress* *Tim Clauss* 248
Uma lição de liderança *Michael Shandler* 253
Mamãe sabe-tudo *Nicholas Economou* 256
Por que os treinadores realmente treinam *William T. Brooks* 258
Deixe sua luz brilhar *Nido Qubein* 261
Um desdobramento espiritual no Banco Mundial *Richard Barrett* .. 263

Palestras, seminários e cursos 266
Quem é Jack Canfield? 267
Quem é Mark Victor Hansen? 268
Quem é Maida Rogerson? 269
Quem é Martin Rutte? 270
Quem é Tim Clauss? 271
Colaboradores 272
Autorizações (continuação) 282

Agradecimentos

Espírito de Cooperação no Trabalho levou mais de um ano para ser escrito, compilado e editado. Foi um verdadeiro esforço de co-criação para todos nós. Uma das maiores alegrias de realizar este livro foi trabalhar com pessoas que dedicaram a este projeto não só seu tempo e sua atenção, mas também a alma e o coração. Gostaríamos de agradecer às seguintes pessoas por sua dedicação e contribuição, sem as quais este livro não poderia ter sido produzido:

Às nossas famílias, que nos deram carinho e apoio durante este projeto, e que têm sido um grande incentivo para *nossas* almas.

A Heather McNamara, por organizar e preparar o original final com tanta naturalidade, elegância e clareza. Apreciamos imensamente sua paciência, seu trabalho árduo e suas valiosas sugestões. É uma alegria tê-la conosco.

A Patty Aubery, por seu estímulo e inspiração, principalmente durante o esforço da edição final.

A Nancy Mitchell, por sua persistência e perseverança em obter autorização para a publicação de todas as histórias deste livro.

A Veronica Romero e a Julie Knapp, por fazer com que o trabalho diário no escritório do Jack fluísse tranqüilamente.

A Rosalie Miller, que nos alimentou com suas refeições e seu carinho nas semanas finais de preparação do original.

A Trudy Klefsted da Office Works, por varar as noites digitando, nos estágios finais de preparação do original.

A Sarah Ann Langston, que digitou muitas das histórias correndo contra o tempo.

A Valerie Santagto, por sua criatividade fotográfica e seu profissionalismo.

E ao nosso querido amigo Douglas Blair pelo seu amor, seu estímulo e sua atenção durante o processo de confecção do livro.

Um especial muito obrigado aos autores das histórias por suas contribuições inspiradoras para este livro. Esperamos que sua inclusão contribua para expandir suas carreiras e aumentar sua expressão em todo o mundo.

Nossos agradecimentos também às centenas de pessoas que nos enviaram histórias, poemas e citações para a possível inclusão em *Espírito de Cooperação no Trabalho*. Mesmo não tendo sido possível utilizar todo o material que nos foi enviado, ficamos profundamente emocionados pelo propósito sincero dessas pessoas de compartilhar suas histórias conosco e com nossos leitores.

Somos agradecidos também a todos que contribuíram com as edições anteriores de *Espírito de Cooperação no Trabalho*, pelo seu carinho por este projeto e sua disposição constante de compartilhar suas histórias.

Gostaríamos de agradecer às pessoas que leram o primeiro rascunho de mais de 160 histórias, que nos ajudaram a fazer a seleção final e fizeram comentários úteis sobre como melhorar o livro: Mavis Allred, Missy Alpern, Gina Armijo, Barbara Astrowsky, Shawn Berry, Douglas Blair, Rick Blake, Mike Blower, Leslie Boardman, Hal Bolton, Linda Bradley, Donna Burke, Mary Clark, Armond e Lorraine Clauss, Patricia Cole, dra. Marlene M. Coleman, Amy Connolly, Sandford Daigle, Ron Delpier, Sander Feinberg, Susan e David Gardin, Fredelle Gudofsky, Douglas Hoover, Nick Kleto, Linda Masterson, Bob e Carolyn McClellan, Wally Michaels, Linda Naiman, Dave Potter, Ross Praskey, Amy Rogerson, John Scherer, Carol Schultz, Michael Shandler, Ellen Sloan, John St. Augustine, Mary Tanton, Joan e Leith Thompson e Roy Trueblood.

E às pessoas que nos ajudaram com histórias à última hora: Thea Alexander, Richard Barrett, Ken Blanchard, Charles Bower, Don Brown, Stephanie Clarke, Paul e Layne Cutright, Stan Dale, Chris Douglas, Burt Dubin, Nicholas Economou, Warren Farrell, Ann Feyerherm, John E. Foley, Kay Gilley, Scott Gross, Jennifer Hawthorne, Ron Hulnick, Karen Jorgensen, Kimberly Kirberger, Janet Larson, Steven Lawson, Diane Loomans, Dorothy Marcic, Judy Meyering e Diane Montgomery da CareerTrack, Jonathon Moyners, Bryan Murray, Richard Navarrette, Tim Piering, Morton Ritts, John Scherer, Ron Scoastico, Marci Shimoff, Frank Siccone, Robert Siccone, Sue Smink da Pryor Report, Pat Sullivan, Grant Sylvester, Marta Vago, Jonathan Wygant e Elsie F. Zala.

A Peter Vegso e Gary Seidler da Health Communications, Inc., por acreditarem neste livro desde o momento em que foi proposto e colocá-lo nas mãos de milhares de leitores. Obrigado a vocês, Peter e Gary.

A Christine Belleris, Matthew Diener e Mark Colucci, nossos editores na Health Communications, Inc., por seus generosos esforços para fazer com que este livro fosse concluído.

A Arielle Ford e Kim Weiss, nossos propagandistas, que continuam a divulgar as séries que publicamos.

Devido à enormidade deste trabalho, talvez tenhamos deixado de mencionar o nome de algumas pessoas que nos ajudaram ao longo do caminho. Se isso ocorreu, pedimos desculpas — por favor, saibam que somos realmente gratos a cada um de vocês.

E, finalmente, somos verdadeiramente gratos ao *espírito* vivo que nos inspira. Por meio de sua presença em nossas vidas, este trabalho se tornou um prazer e uma expressão direta do verdadeiro propósito de nossa alma.

* * *

A Editora Cultrix agradece a Roberto Zardo, a Édson Soares Ferreira, a Jossyl Peixoto Ribeiro, a Mário Grieco, a Alceu Brito Correa, a José Vicente da Silva, a Júlio Morsoletto e a Frank Tadeu Ávila pela gentileza com que atenderam ao convite para enriquecer com novas histórias a edição brasileira desta obra.

Introdução

Um empresário de sucesso viajou à Índia para trabalhar durante um mês num dos abrigos de Madre Teresa de Calcutá. Ele ansiava por conhecer a pequenina freira, mas Madre Teresa estava viajando e só na véspera de sua partida ele foi recebido para uma entrevista. Quando estava finalmente em sua presença, para sua surpresa, ele irrompeu em lágrimas. Todos os momentos em que tinha sido egoísta e ocupado ou preocupado apenas com seu ganho pessoal passaram como um relâmpago ante seus olhos e ele sentiu uma enorme tristeza por ter perdido tantas oportunidades na vida de dar um pouco de si mesmo e de seus recursos a outras pessoas. Sem pronunciar uma palavra, Madre Teresa se dirigiu até onde ele estava sentado, colocou as mãos em seus ombros, olhou profundamente em seus olhos e disse: — Você não entende que Deus sabe que você está fazendo o melhor que pode?

O trabalho é parte integrante de nossas vidas, cheias de uma grande variedade de experiências. Ao escrever este livro, recebemos histórias de professores e engenheiros, carpinteiros e contadores, artistas, administradores, donas de casa, quiropráticos — e pessoas de inúmeras outras profissões. Lendo essas histórias, ficamos profundamente emocionados com o enorme coração, alma e espírito que as pessoas processam por meio de seu trabalho. Dia após dia, todos nós nos levantamos pela manhã, em muitos casos nos ocupamos com a nossa família e então dedicamos oito, dez ou até mesmo doze horas ao nosso trabalho. Isto é compromisso em ação.

Todos os dias ocorrem mudanças profundas e de grande alcance no ambiente de trabalho, mas ainda ansiamos por ir de encontro às nossas necessidades básicas: relacionamentos significativos, realização criativa e a certeza de que nosso trabalho seja apreciado e valioso.

Existem sinais evidentes de que o trabalho está passando por uma renovação. Isso se reflete nos títulos dos capítulos deste livro, inclusive "O poder do agradecimento" (capítulo 3) — que revela a energia positiva do reconhecimento; "Novos padrões de atendimento" (capítulo 4) — explorando a riqueza da generosidade; e "Siga o seu coração" (capítulo 5) — que enfatiza o valor do conhecimento intuitivo.

Você pode utilizar essas histórias de várias maneiras — como uma boa leitura, como um estímulo à reflexão, como uma pausa para quando se sentir deprimido ou feliz —, mas acima de tudo, por favor, compartilhe-as com os amigos e com as pessoas que trabalham com você. Deixe que as histórias o conduzam à discussão e à troca de experiências. Se estiver inspirado, compartilhe sua inspiração; se estiver se divertindo, compartilhe sua alegria; se estiver emocionado, leve essa emoção a outra pessoa.

À medida que nos aproximamos do novo milênio, vamos ajudar uns aos outros, para que nosso trabalho possa ser satisfatório, recompensador e uma contribuição para todos nós. Como disse Santo Tomás de Aquino: "Não existe alegria se não existir alegria no trabalho."

Ler essas histórias fará você se lembrar mais uma vez, assim como fez conosco, que tirando todas as outras coisas, somos almas trabalhadoras — amando, crescendo, em constante evolução —, "fazendo o melhor que podemos".

N̄ÃO HÁ NADA MELHOR PARA UM HOMEM FAZER DO QUE DESFRUTAR SUA COMIDA, SUA BEBIDA E DIZER A SI MESMO QUE SEU TRABALHO É BOM.
— ECLESIASTES 2:24

1

O Amor no Trabalho

O TRABALHO É O AMOR MATERIALIZADO.
— Kahlil Gibran

A Luva de Jessie

Uma ação bondosa e compassiva é sempre a sua própria recompensa.
— William J. Bennett

Todos os anos faço treinamento de gerentes para a Circle K Corporation, uma cadeia nacional de lojas de conveniência. Um dos tópicos que abordamos em nossos seminários é como manter a qualidade dos funcionários, um verdadeiro desafio para os gerentes quando se leva em consideração a escala de salários do setor de serviços. Durante essas discussões, costumo perguntar aos participantes:

"O que fez com que você ficasse tempo suficiente para se tornar um gerente?" Tempos atrás, fiz essa pergunta a uma gerente que devagar, com a voz embargada, disse: "Uma luva de beisebol de 19 dólares."

Cyntia disse ao grupo que no início aceitara um emprego de vendedora na Circle K como um trabalho temporário enquanto procurava algo melhor. No segundo ou terceiro dia atrás do balcão, seu filho Jessie, de 9 anos, telefonou para ela. Ele precisava de uma luva de beisebol para a Liga Infantil. Ela explicou que, como mãe solteira, o dinheiro era muito curto e que o primeiro salário seria utilizado para pagar as contas. Talvez ela pudesse comprar a luva de beisebol com o segundo ou terceiro salário.

Quando Cyntia chegou ao trabalho na manhã seguinte, Patricia, a gerente da loja, pediu-lhe que a acompanhasse até um quartinho atrás da loja, que servia como escritório. Ela se perguntava se havia feito algo errado ou deixado algum trabalho incompleto no dia anterior. Estava preocupada e confusa.

Patricia entregou-lhe uma caixa e disse:

— Ouvi sem querer a conversa que teve com seu filho ontem e sei que é muito difícil explicar essas coisas para as crianças. Isto é uma luva de beisebol para Jessie, porque provavelmente ele não compreende o quanto ele é importante, mesmo que você tenha de pagar as contas antes de comprar a luva. Você sabe que não podemos pagar pessoas boas como você como gostaríamos, mas realmente nos importamos e quero que saiba que você é importante para nós.

A consideração, a compreensão e o amor dessa gerente de loja de conveniência demonstra claramente que as pessoas se lembram muito mais da preocupação que o patrão demonstra por elas do que de quanto ele lhes paga. Uma lição importante pelo preço de uma luva de beisebol da Liga Infantil.

Rick Phillips

Subindo a Escada para o Céu

Ninguém é capaz de entender o coração dos homens a não ser que tenha a sensibilidade que o amor proporciona.
— Henry Ward Beecher

Durante toda a minha carreira como profissional de vendas, tenho refletido sobre clientes difíceis. O que os torna tão vis? Como podem ser tão indelicados? Como uma pessoa perfeitamente racional pode, de repente, perder todo o sentimento de decência humana?

Certo dia, pude vislumbrar-lhes o pensamento. Isso aconteceu enquanto eu visitava a loja de música do meu marido. Ele estava ocupado com um cliente e estávamos com poucos funcionários. Fiz, então, o que qualquer boa esposa faria: tentei atender a outros clientes.

— Estou procurando uma música — disse um homem de aparência rude, com um gorro sujo à John Deere enfiado na cabeça sobre os ralos cabelos brancos. — O nome da canção é... — e ele tirou uma folha de papel mimeografada toda amassada do bolso da calça *jeans* — "Escada para o céu"*. Você tem?

Fui até as prateleiras de partituras musicais e procurei pelo nome. Num dia normal, as músicas estariam dispostas em ordem alfabética em seus compartimentos. Nesse dia o alfabeto estava todo misturado. Procurei durante vários minutos, consciente de sua crescente inquietação.

---

* Título original em inglês: "Stairway to Heaven", do grupo de *rock* inglês Led Zeppelin, que fez muito sucesso na década de 70.

— Não, sinto muito, parece que não temos.

Suas costas arquearam e os claros olhos azuis ficaram miúdos. Quase imperceptivelmente, a esposa tocou na manga de sua camisa como que para puxá-lo para trás. Sua boca fina se contorceu de raiva.

— Bem, isto não é demais? E você chama isto de loja de música? Que tipo de loja não tem uma música dessas? Todas as crianças conhecem esta canção! — disse, alterado.

— Sim, mas não temos todas as músicas sempre...

— Ah, é fácil pra você! É fácil dar desculpas! — a esposa, nesse momento, agarrava a manga da camisa, falando baixo, tentando acalmá-lo, como um treinador fala com um cavalo indócil.

Ele se debruçou sobre o balcão, com o dedo apontado para o meu rosto.

— Aposto que não iria entender, iria? Você não se importa que meu garoto tenha morrido! Que tenha espatifado o Camaro naquela árvore velha. Se vão ou não tocar sua música favorita no funeral; e ele está morto! Ele se foi! Apenas 18 anos e se foi!

Pude ver então o papel que ele sacudia na minha direção. Era o programa de um serviço funerário.

— Acho que você não entenderia — balbuciou e abaixou a cabeça. A esposa o envolveu com o braço e permaneceu em silêncio ao seu lado.

— Não posso compreender a sua perda — eu disse calmamente —, mas enterramos um sobrinho de 4 anos de idade no mês passado e sei o quanto isso dói.

Ele olhou para mim. A raiva dissipou-se em seu rosto e ele suspirou:

— É uma pena, não é? Uma grande pena — ficamos em silêncio por um bom tempo e então ele enfiou a mão no bolso e tirou uma carteira velha.

— Gostaria de ver uma foto do nosso garoto?

Joanna Slan

"Qualquer Coisa de que Você Precise"

O QUE VEM DO CORAÇÃO VOLTA PARA O CORAÇÃO.
— JEREMIAH BURROUGHS

Eu estava trabalhando como consultor em uma indústria de cerveja, ajudando o presidente e os vice-presidentes seniores a preparar e implementar sua nova visão estratégica. Era um grande desafio.

Ao mesmo tempo, minha mãe estava na fase terminal de câncer.

Todos os dias eu trabalhava durante o dia e dirigia por mais de sessenta quilômetros até em casa para ficar do lado dela. Era cansativo e estressante, mas era o que eu queria fazer. Meu desejo era continuar a fazer um excelente trabalho de consultoria durante o dia, apesar de minhas noites serem extremamente difíceis. Eu não queria incomodar o presidente com o meu problema, mas sentia que alguém na empresa precisava saber o que estava acontecendo. Contei então ao vice-presidente de recursos humanos, pedindo-lhe que não dissesse a mais ninguém.

Alguns dias depois, o presidente chamou-me à sua sala. Calculei que queria conversar comigo sobre um dos vários assuntos sobre os quais estávamos trabalhando. Quando entrei, pediu-me que me sentasse. Olhou-me nos olhos, por trás de sua larga escrivaninha, e disse:

— Fiquei sabendo que sua mãe está muito doente.

Pego totalmente de surpresa, irrompi em lágrimas. Ele apenas olhou-me, esperou que eu parasse de chorar e então, delicadamente, disse uma frase que nunca mais vou esquecer:

— Qualquer coisa de que você precise.

E foi isso. Sua compreensão e disposição, tanto de me deixar com minha dor quanto de oferecer seus préstimos, são qualidades que ainda hoje carrego comigo.

Martin Rutte

O senhor precisa, sr. Terwilliger, é de um pouco de atenção; um gesto amável, confiante; um sorriso amigo que mostre interesse — tudo o que, eu receio, não faz parte do meu treinamento médico.

Reproduzido com a autorização de Harley Schwadron.

Muito Além do Jardim

O TRABALHO É O AMOR FEITO VISÍVEL. E SE NÃO PODEIS TRABALHAR COM AMOR, MAS SOMENTE COM DESGOSTO, MELHOR SERIA QUE ABANDONÁSSEIS VOSSO TRABALHO E VOS SENTÁSSEIS À PORTA DO TEMPLO A SOLICITAR ESMOLAS DAQUELES QUE TRABALHAM COM ALEGRIA.
— GIBRAN

Desde os primeiros dias na empresa, uma pessoa conseguiu chamar a minha atenção porque, muito embora o ambiente ali seja extremamente agradável, o "seu Vavá" — nosso jardineiro — conseguia superar isso pelo seu constante bom humor e amor pelo que faz.

Procurei desde cedo me aproximar dele — o que, convenhamos, é uma tarefa extremamente fácil — em busca de um relacionamento mais amplo. Isso ficou ainda mais fácil porque, a exemplo do "seu Vavá", também sou um "pássaro madrugador". Assim, por volta das sete horas da manhã, já trocamos os habituais cumprimentos de bom-dia, como vai, as novidades de ontem e de hoje, o futebol, etc.

Num belo dia, não satisfeito com o estilo "piloto automático" dos meus contatos com ele, resolvi aprofundar nosso papo e perguntei ao "seu Vavá" o que ele estava fazendo. Confesso que eu esperava uma resposta do tipo: "Estou podando e regando as plantas e flores." Mas ele me surpreendeu dizendo apenas:

— Estou deixando a empresa mais bonita.

A partir desse momento, desliguei o "piloto automático" e pude conhecer um pouco mais o jardineiro que trabalha nesta empresa desde 1983 e que sempre tem um fantástico sorriso capaz de contagiar a todos e uma sabedoria e amor por seu trabalho que motivam a todos nós e parece ser reconhecido pelas plantas e pelas flores. Pude observar que, quando o "seu Vavá" sai de férias, elas sentem a sua falta, pois não ficam tão viçosas, mesmo sendo bem tratadas por outro jardineiro. "Seu Vavá" criou um local que carinhosamente chama de UTI, onde flores e plantas são cuidadosamente tratadas, com uma recuperação muito acima dos padrões normais. O segredo, segundo ele, é o amor e o prazer de fazer o trabalho bem-feito.

Não tenho dúvidas em afirmar que "seu Vavá" nos ensina todos os dias uma lição fundamental: a busca contínua pelo prazer de fazer seu trabalho com amor, e saber que sempre existe um patamar superior em tudo o que fazemos.

"Seu Vavá" (seu nome verdadeiro é Lourival Ferreira da Graça), muito obrigado pelas lições de vida e amor pelo trabalho, e que Deus o abençoe sempre.

Roberto Zardo
[Autor nacional]

Tudo em um Dia de Trabalho

*Se eu puder diminuir o sofrimento,
ou aliviar a dor de alguém,
ou ajudar um pássaro ferido
a voltar para seu ninho,
não terei vivido em vão.*
— Emily Dickinson

Foi internado no pronto-socorro e levado ao andar da cardiologia. Cabelos compridos, barba por fazer, sujo, perigosamente obeso, e uma jaqueta de motoqueiro jogada na prateleira sob a maca, ele era um corpo estranho nesse mundo esterilizado de pisos reluzentes, profissionais eficientes uniformizados e métodos rigorosos de controle de infecção. Definitivamente, um intocável.

As enfermeiras do posto de enfermagem arregalaram os olhos ao ver aquela massa humana passar de maca, todas olhando de relance, nervosamente, para a enfermeira-chefe. "Tomara que não seja eu a acomodar, dar banho e cuidar desse aí..." era o apelo implícito.

Uma das características verdadeiras de uma líder, de uma profissional consumada, é fazer o inimaginável. Tentar resolver o impossível. Tocar o intocável. Foi Bonnie quem disse:

— Quero cuidar desse paciente pessoalmente.

Bastante incomum para uma enfermeira-chefe — fora dos padrões normais — mas o tipo da coisa que faz o espírito humano crescer, curar e elevar-se.

Enquanto calçava as luvas e começava a dar banho naquele homem enorme e sujo, seu coração quase se partiu. Onde estaria a família dele? Quem era a sua mãe? Como teria sido quando pequeno? Ela cantarolava calmamente enquanto trabalhava. Isso parecia aliviar o medo e a vergonha que ela sabia que ele deveria estar sentindo.

E então, num impulso, ela disse:

— Atualmente, não temos tempo para esfregar as costas em hospitais, mas aposto que você se sentiria muito bem. Iria ajudá-lo a relaxar os músculos e começar a sarar. É isto que este lugar é acima de tudo... um lugar para as pessoas sararem.

A pele grossa, áspera e avermelhada denunciava um estilo de vida desregrado: provavelmente, abuso de comida, de álcool e drogas. Enquanto esfregava aqueles músculos tensos, ela cantarolava e rezava. Rezava pela alma de um garotinho crescido rejeitado pela vida, que lutava para ser aceito em um mundo hostil e cruel.

A etapa final foi uma loção tépida e talco de bebê. Quase ridículo — um contraste tão grande com aquela superfície enorme e estranha. Quando ele se virou, lágrimas escorriam pelas suas faces e seu queixo tremia. Com olhos castanhos incrivelmente bonitos, ele sorriu e disse com a voz trêmula:

— Há anos ninguém me tocava. Obrigado. Estou sarando.

Naomi Rhode

Ouvi uma Vozinha

SEGUIR FIELMENTE AQUILO QUE SABEMOS SER VERDADEIRO REQUER UMA GRANDE DOSE DE CORAGEM.
— SARA E. ANDERSON

Eu estava cuidando de um jovem de trinta e poucos anos que estava à beira da morte. Seus pais tinham vindo de fora da cidade e passavam o maior tempo possível ao seu lado no hospital. Depois de ficar com ele durante várias horas, saíram para jantar. Enquanto estavam fora, o rapaz morreu. Os pais ficaram arrasados, principalmente a mãe; não só o filho havia morrido, mas ele havia morrido enquanto ela estava ausente. Ela estava visivelmente angustiada e, com freqüência, encostava a cabeça no peito do rapaz e chorava.

Enquanto eu estava lá com ela, ouvi claramente uma vozinha na minha cabeça dizer: *Fale para ela subir na cama e abraçá-lo.* Minha mente zunia. *Como eu poderia sugerir algo assim? E se alguém visse? O que as pessoas iriam pensar?* Tentei ignorar a voz, esperando que fosse embora. Mas isso não aconteceu. Alguns segundos depois, a voz falou num tom mais alto e insistente: *Ela precisa subir na cama e abraçá-lo!*

— A senhora gostaria de subir na cama e abraçá-lo? — ouvi minha voz perguntar. Na mesma hora ela o fez. Fiquei lá enquanto ela abraçava o filho, acariciava-lhe o rosto, conversava com ele e cantava. Aqueles momentos com mãe e filho foram dos mais preciosos da minha vida. Senti-me abençoada por ter tido a oportunidade de estar ao lado dela enquanto se despedia do filho.

Anne Walton

Papai Noel

Q*uando paramos de pensar apenas em nós mesmos e na nossa própria vida, sofremos uma transformação de consciência verdadeiramente heróica.*
— Joseph Campbell

O último Natal foi uma época muito difícil para mim. Minha família e todos os meus amigos próximos foram para casa, na Flórida, e eu fiquei sozinha em uma Califórnia bastante gelada. Eu estava trabalhando muitas horas seguidas e fiquei muito doente.

Fazia turno dobrado no balcão de passagens da Southwest Airlines. Eram cerca de 21 horas da véspera de Natal e eu estava me sentindo péssima por dentro. Apenas algumas de nós estavam trabalhando e havia muito poucos clientes esperando para serem atendidos. Quando chegou a hora de chamar a próxima pessoa a ser atendida, olhei e vi um velho de olhar doce segurando uma bengala. Ele se dirigiu vagarosamente ao balcão e com uma voz fraca disse que tinha de ir para New Orleans. Tentei explicar-lhe que não havia mais vôos naquela noite e que ele teria de ir pela manhã. Ele parecia confuso e bastante preocupado. Tentei obter mais informações, perguntando-lhe se tinha feito alguma reserva ou se lembrava quando teria de viajar, mas a cada pergunta ele parecia ficar mais confuso. Dizia apenas:

— Ela falou que tenho de ir para New Orleans.

Depois de um bom tempo, consegui ao menos descobrir que ele havia sido atirado na rua, na véspera de Natal, pela cunhada, que o mandou ir para New Orleans, onde tinha família. Ela lhe deu algum dinheiro e lhe disse apenas para entrar e comprar uma passagem. Quando perguntei se podia voltar no dia seguinte, ele disse que a cunhada havia ido embora e que ele não tinha onde dormir. Disse, então, que iria esperar no aeroporto até o dia seguinte. Naturalmente, me senti envergonhada. Ali estava eu, sentindo pena de mim mesma por estar sozinha no Natal enquanto aquele anjo chamado Clarence MacDonald fora enviado a mim para me fazer lembrar o que significava realmente estar sozinho. Isso me partiu o coração.

Imediatamente, disse-lhe que tudo iria se ajeitar e um funcionário do setor de Atendimento ao Cliente ajudou-o a reservar uma passagem para o primeiro vôo da manhã seguinte. Cobramos o preço de uma passagem especial para pessoas de idade, o que lhe deixava algum dinheiro extra para a viagem. Nessa hora, ele começou a dar sinais de muito cansaço, e quando dei a volta no balcão para lhe perguntar se estava se sentindo bem, vi que sua perna estava enfaixada. Ele havia permanecido de pé durante todo esse tempo, segurando uma sacola de plástico cheia de roupas.

Mandei vir uma cadeira de rodas. Quando ela chegou, todos nos pusemos ao seu redor para ajudá-lo e notei uma pequena mancha de sangue na atadura. Perguntei como havia machucado a perna e ele disse que tinha acabado de se submeter a uma cirurgia de ponte de safena e uma artéria havia sido retirada de sua perna. *Você pode imaginar?* Aquele homem tinha se submetido a uma cirurgia no coração e, pouco depois, fora atirado na rua para comprar uma passagem, sem ter feito reserva, para ir a New Orleans, sozinho!

Eu nunca havia passado por uma situação dessas e não estava certa do que fazer. Perguntei aos meus supervisores se poderíamos encontrar um lugar para ele. Ambos disseram que sim e conseguiram um *voucher* de hotel para o sr. MacDonald por uma noite e um vale-refeição para o jantar e o café da manhã. Quando voltei, ele pegou a sacola de roupas e a bengala e deu uma gorjeta para que o carregador o levasse para cima, para esperar a ponte aérea. Abaixei-me para explicar novamente sobre o hotel, a comida e o itinerário ao sr. MacDonald e então bati-lhe de leve nas costas e lhe disse que tudo ficaria bem.

Enquanto ia embora ele disse:

— Muito obrigado — abaixou a cabeça e começou a chorar. Eu também chorei. Quando voltei para agradecer à minha supervisora, ela apenas sorriu e disse:

— Adoro histórias como essa. Ele é o seu Papai Noel.

Rachel Dyer Montross

Uma Vida de Trabalho

*D*EIXE QUE A BELEZA DAQUILO QUE VOCÊ AMA SEJA AQUILO QUE VOCÊ FAZ.
— RUMI

Quando sua mulher morreu, o bebê estava com 2 anos. Tinham mais seis filhos — três meninos e três meninas, cujas idades variavam de 4 a 16 anos.

Poucos dias depois que ficou viúvo, seus pais e os pais de sua finada esposa vieram fazer-lhe uma visita.

— Temos pensado — disseram — sobre uma maneira de fazer isso dar certo. Você não pode tomar conta de todas essas crianças e trabalhar para ganhar a vida. Portanto, providenciamos para que cada uma delas fique com um tio e uma tia diferentes. Estamos cuidando para que todos morem na vizinhança, para que você possa vê-los sempre que quiser...

— Vocês não imaginam o quanto aprecio o interesse de vocês — o homem respondeu. — Mas eu gostaria que soubessem — ele sorriu e continuou — que se as crianças interferirem no meu trabalho ou se precisarmos de alguma ajuda, avisaremos vocês.

Nas semanas seguintes ele trabalhou com os filhos, designando-lhes tarefas e atribuindo-lhes responsabilidades. As duas meninas mais velhas, de 10 e 12 anos, passaram a cozinhar e a cuidar da roupa e dos trabalhos domésticos. Os dois meninos mais velhos, de 14 e 16 anos, ajudavam o pai na lavoura.

Veio então outro golpe. O homem desenvolveu uma artrite. Suas mãos incharam e ele era incapaz de segurar o cabo das ferramentas. As crianças suportavam bem a carga de trabalho, mas ele sabia que não seria capaz de continuar dessa maneira. Vendeu o equipamento da lavoura, mudou-se com os filhos para uma cidadezinha e abriu um pequeno negócio.

A família foi bem recebida na nova vizinhança. Seu negócio prosperou. Ele sentia prazer em lidar com pessoas e servi-las. A fama de seu caráter agradável e excelente atendimento começou a se espalhar. As pessoas vinham de longe para negociar com ele. As crianças ajudavam tanto em casa como no trabalho. O prazer do pai no seu trabalho dava-lhes satisfação e ele se deleitava com o sucesso dos filhos.

Os filhos cresceram e se casaram. Cinco dos sete entraram na faculdade, a maioria deles depois de casados. Cada um arcava com suas próprias despesas. O sucesso dos filhos na faculdade era motivo de grande orgulho para o pai. Ele havia parado de estudar na 6ª série.

Vieram então os netos. Ninguém gostava mais dos netos do que aquele homem. Quando começaram a andar, ele os levava para a loja e para sua pequena casa. Curtiam-se imensamente.

Finalmente, a filha mais nova — o bebê, que tinha 2 anos de idade quando a mãe morreu — casou-se.

E o homem, toda uma vida de trabalho concluída, morreu.

O trabalho desse homem tinha sido a tarefa solitária e prazerosa de criar a família. Esse homem era meu pai. Eu era o garoto de 16 anos, o mais velho dos sete.

Wyverne Flatt

Pelo Amor do Meu Pai

O AMOR CONQUISTA TODAS AS COISAS; VAMOS NOS RENDER A ELE TAMBÉM.
— Virgílio

Através dos anos, nunca pensei em meu pai como uma pessoa muito sentimental, e ele não era, pelo menos na minha frente. Apesar de ele ter 68 anos e apenas um e setenta e cinco de altura enquanto eu media um e oitenta e três e pesava 118 quilos, ele parecia enorme para mim. Eu sempre o via como um disciplinador rígido que quase nunca dava um sorriso. Meu pai nunca disse que me amava quando eu era criança e nunca fiquei com raiva dele por causa disso. Acho que tudo o que eu queria era que ele se orgulhasse de mim. Quando eu era pequeno, mamãe me afogava em "eu te amos", todos os dias. Portanto, nunca pensei realmente sobre o fato de não ouvir isso dele. Imagino que bem lá no fundo eu sabia que ele me amava, apenas nunca o dissera. Pensando bem, acho que também eu nunca disse a ele que o amava. Nunca pensei nisso de verdade até que encarei a realidade da morte.

No dia 9 de novembro de 1990, recebi o comunicado que minha unidade da Guarda Nacional havia sido acionada para a Operação Escudo no Deserto. Seguiríamos para Fort Ben Harrison, em Indiana, e depois direto para a Arábia Saudita. Eu estava na Guarda havia dez anos e nunca tinha sonhado que seríamos convocados para uma guerra, apesar de saber que era para isso que havíamos treinado. Fui até meu pai e lhe dei a notícia. Pude sentir que ele ficou inquieto com a minha partida. Não voltamos a falar sobre o assunto e oito dias depois eu parti.

Tenho muitos parentes próximos que serviram no exército em tempo de guerra. Meu pai e meu tio estiveram na Segunda Guerra

Mundial e dois irmãos e uma irmã serviram no Vietnã. Mesmo estando extremamente preocupado por deixar minha família para servir meu país numa zona de guerra, eu sabia que era isso o que eu tinha de fazer. Rezei para que isso fizesse com que meu pai se orgulhasse de mim. Ele está bastante envolvido na organização dos Veteranos de Guerras no Estrangeiro e sempre se mostrou a favor de um exército forte. Eu não estava apto para participar dos Veteranos de Guerra no Estrangeiro porque nunca estivera numa zona de guerra — fato que sempre me fez sentir diminuído perante os olhos de meu pai. Mas nesse momento lá estava eu, seu filho caçula, sendo levado de navio para uma terra estranha a mais de 14 mil quilômetros de distância, para participar de uma guerra num país de que mal tínhamos ouvido falar antes.

No dia 17 de novembro de 1990, nossa escolta de veículos militares saiu de Greenville, em Michigan. As ruas estavam repletas de famílias e pessoas que vieram nos ver partir e desejar boa sorte. Enquanto nos afastávamos da cidade, olhei para fora da janela do caminhão e vi minha esposa, Kim, meus filhos, mamãe e papai. Eles estavam todos acenando e chorando, exceto meu pai. Ele estava ali parado, quase como uma estátua de pedra. Parecia incrivelmente velho nessa hora. Não sei por que, apenas parecia velho.

Eu estava ausente no feriado de Ação de Graças e não participei do jantar em família. Havia sempre muita gente, com duas das minhas irmãs, seus maridos e filhos mais minha esposa e nossa família. Aborrecia-me bastante o fato de eu não poder estar lá. Alguns dias depois, consegui telefonar para minha mulher e ela me disse uma coisa que, desde então, me fez enxergar meu pai com outros olhos.

Ela sabia como meu pai era com seus sentimentos e pude perceber sua voz tremer enquanto falava comigo. Ela disse que meu pai havia repetido sua oração de ação de graças habitual. Porém, dessa vez ele acrescentou uma última frase. Com a voz embargada e uma lágrima rolando pela face, ele disse: "Meu Deus, por favor, cuide do meu filho Rick, guie-o com suas mãos na hora da necessidade enquanto ele serve seu país e traga-o de volta para nós são e salvo." Nesse momento ele começou a chorar. Nunca havia visto meu pai chorar, e quando ouvi isto eu mesmo não pude deixar de chorar. Minha mulher perguntou o que estava acontecendo. Depois de me recompor, eu disse:

— Acho que meu pai realmente me ama.

Oito meses depois, quando voltei da guerra para casa, corri para abraçar minha mulher e meus filhos em meio a lágrimas. Quando chegou a vez do meu pai, envolvi-o num grande abraço. Ele sussurrou em meu ouvido:

— Estou muito orgulhoso, meu filho, e amo você.

Olhei para aquele homem, meu pai, bem nos olhos enquanto segurava sua cabeça entre as mãos e disse:

— Eu também amo você, papai — e nos abraçamos novamente. E então, juntos, nós dois choramos.

Desde esse dia meu relacionamento com meu pai nunca mais foi o mesmo. Temos tido muitas conversas profundas. Aprendi que ele sempre teve orgulho de mim e ele não tem mais medo de dizer "Eu amo você". Nem eu. Apenas lamento que tenham sido precisos 29 anos e uma guerra para que eu descobrisse isso.

Rick Halvorsen

2

A Respeito de Solidariedade

O PODER DO AMOR E DO CARINHO PODE MUDAR O MUNDO.

— JAMES AUTRY

Um Exemplo a Ser Seguido

A FRATERNIDADE... VAI-SE SUMINDO PRINCIPALMENTE NESTAS VASTAS COLMEIAS DE CAL E PEDRA, ONDE OS HOMENS TEIMAM EM SE AMONTOAR E LUTAR.
— EÇA DE QUEIRÓS

Num certo fim de semana, três jovens drogados invadiram, puseram fogo e destruíram uma residência em Brasília. A destruição foi tão grande que até as paredes do teto derreteram. Porém, o que talvez eles não soubessem é que naquela residência funcionava uma creche e que essa creche atendia cerca de noventa crianças.

Toda a mídia local deu ampla cobertura ao incidente como mais um melancólico exemplo dos atos de vandalismo e violência que grassam atualmente entre os jovens.

Na segunda-feira, quando cheguei ao Banco, Paulo César Ximenes me perguntou:

— Você leu a reportagem sobre a creche? Hei, vamos fazer alguma coisa?

— Claro! — respondi. — Nós fazemos tanta coisa sem que ninguém perceba...

— Então vamos fazer alguma coisa *sem que ninguém perceba*.

Foi assim que tudo começou, e algumas coisas muito positivas aconteceram durante todo esse processo.

Primeiro, fui ver pessoalmente o estado em que ficara a casa depois da destruição. Depois, numa dessas coincidências que raramente são coincidências, descobrimos que aquela creche havia passado por um longo processo de reforma que durara seis meses, porque as pessoas envolvidas nesse trabalho não dispunham de recursos suficientes para terminá-la. A diretora da creche estava muito abalada porque a reinauguração da casa estava marcada para o dia 27 (isso tudo acontecera no dia 15 de julho), mas mesmo assim ela disse uma coisa muito bonita:

— Olha: destruíram a casa das minhas crianças. Mas no dia 27, ou no mais tardar no dia 29, vou começar a receber minhas crianças. E eu vou receber essas crianças de qualquer jeito, ainda que seja preciso abrigá-las debaixo do tanque onde lavo as roupas delas.

Em seguida, procuramos localizar quem era a pessoa ou as pessoas que estavam ajudando essa creche há seis meses. E qual não foi a nossa surpresa ao descobrir que quem estava ajudando a creche era um "comitê de solidariedade das agências do Banco do Brasil".

O Ximenes, que tem um coração maravilhoso mas pouco jeito para a coisa, me encarregou de fazer todo o trabalho, ou seja, de pôr em prática as soluções que estava imaginando. Liguei então para uma das tais agências da "solidariedade" sem me identificar, e disse que estávamos dispostos a reconstruir a creche. A moça que me atendeu é uma das heroínas desta história. Ironicamente, seu nome é Sônia Milhomem. Mais tarde, eu até brinquei com ela, dizendo que, apesar de pequena, magrinha e de aparência frágil, ela bem que merecia esse sobrenome porque, sozinha, faz mais do que mil homens.

Perguntei-lhe como eles se organizavam para ajudar.

— Nós temos um comitê aqui — disse-me ela.

— Então, reúna o seu comitê, verifique exatamente o que vocês precisam e vamos manter a data de inauguração para o dia 27.

Para minha surpresa, ela declarou que não era necessário convocar o comitê para uma reunião, pois o comitê era composto de três pessoas: ela e mais dois colegas que trabalhavam na mesa em frente à sua.

— Mas com quem estou falando? — perguntou ela.

— Não se preocupe com isso. Apenas ligue para o Édson, do Banco.

Assim, mantivemos o dia 27 como a data de inauguração. Não fizemos só a reforma do que havia sido quebrado ou destruído; fizemos uma nova construção. E coisas incríveis aconteceram nesse processo.

Para agilizar a obra, contatamos a área de assistência social do governo e conseguimos a liberação de seis ou sete detentos para trabalhar na obra sob as ordens de um mestre contratado por nós. Assim, concluímos a reforma no prazo previsto e, além disso, remodelamos e equipamos toda a creche.

No dia da inauguração, fomos de carro visitar a creche. Num dos carros, íamos eu, a Sônia e a minha turma de terno e gravata. No carro da frente, um carro velho e carcomido, iam os dois rapazes do comitê que conheciam o caminho. Quando chegamos a uma barreira policial, o carro da frente passou normalmente, enquanto o nosso foi parado para averiguação. Foi então que os rapazes voltaram e disseram ao oficial de comando:

— Pode deixá-los passar, pois são dos nossos.

O policial então explicou que, hoje em dia, pessoas engravatadas como nós é que pareciam suspeitas, e não a gente simples que eles conheciam e viam passar por ali todos os dias.

Quando, enfim, lá chegamos, dona Divina, a diretora da creche, cujo nome é bastante sugestivo de toda a situação, confessou-me que vinha rezando por aqueles três rapazes por duas razões: primeiro, para ver se eles de alguma forma abandonariam as drogas e, segundo, para agradecer-lhes, pois na verdade a casa que ela estava inaugurando no dia marcado era infinitamente melhor que a casa que iria inaugurar antes, sem, é claro, desmerecer todo o empenho e trabalho do comitê de reforma.

Um outro detalhe desta história é que fui até a delegacia conversar com um dos presos que mais se esforçara, mais trabalhara na obra, para demonstrar nossa gratidão. Os presos sabiam que se tratava de uma creche e, inclusive, pediram que intercedêssemos junto à delegacia para que eles passassem a reconstruir creches em todo o Distrito Federal, pois preferiam sair de suas celas para trabalhar ao ar livre, fazendo alguma coisa de útil mesmo sem ganhar nada. Eu disse a esse detento que gostaríamos de agradecer-lhe e recompensá-lo pelo trabalho tão bem-feito.

— Olha, doutor — disse-me ele — , o que eu queria mesmo era ganhar uma caixa de chocolates, que eu prometi levar para os meus filhos na Páscoa e não pude, pois estou preso.

Obviamente, cada um dos cinco filhos dele ganhou uma caixa de chocolates, além de toda a família entrar para um programa de distribuição de cestas básicas organizado por outro comitê de solidariedade do Banco.

Essa história, na verdade, teve um final feliz, porque Paulo César Ximenes, o maestro dessa equipe da qual eu participei, e que fez a reforma, pagou todos os custos da obra com dinheiro da sua verba pessoal, destinada eventualmente a fazer relações públicas em jantares ou no que quer que fosse, preferindo fazer parte dessa rede de fraternidade anônima, que vem trabalhando silenciosamente em ações de solidariedade social e que, agora, revela sua identidade para que seu exemplo possa ser seguido por outros executivos de negócios deste país. Paulo César Ximenes é hoje membro do Comitê de Solidariedade que continua ajudando a creche da dona Divina.

Édson Soares Ferreira
[Autor nacional]

Uma Lição do Meu Pai

V<small>OCÊ GANHA A VIDA COM O QUE VOCÊ RECEBE, MAS FAZ UMA VIDA COM O QUE VOCÊ DÁ.</small>

— A<small>NÔNIMO</small>

Existe uma tendência natural para os negócios na minha família. Todos os sete filhos trabalharam na loja do meu pai, a "Nossa Loja de Móveis e Ferramentas", em Mott, Dakota do Norte, uma pequena cidade nas planícies. Começamos fazendo pequenos serviços, como tirar o pó, arrumar as prateleiras e fazer pacotes, e mais tarde, começamos a atender os clientes. Trabalhando e observando, aprendemos que trabalhar significava mais do que fazer uma venda e sobreviver.

Uma lição eu guardei comigo. Aconteceu pouco antes do Natal. Eu estava na 8ª série e trabalhava todos os fins de tarde, arrumando a seção de brinquedos. Um garotinho de 5 ou 6 anos entrou na loja. Estava vestindo um casaco marrom surrado, com os punhos gastos. O cabelo estava despenteado, e tinha um redemoinho levantado que saía bem do meio da cabeça. Apenas um dos sapatos velhos e gastos tinha cadarço, e mesmo assim estava rasgado. Parecia ser pobre — pobre demais para poder comprar qualquer coisa. Olhava pela seção de brinquedos, pegava isto ou aquilo e depois, com cuidado, colocava de volta no seu devido lugar.

Papai desceu as escadas e foi até ele. Seus olhos azuis sorriram e as covinhas do rosto se tornaram visíveis, enquanto perguntava em que poderia ser útil. O garoto disse que estava procurando um presente de Natal para o irmão. Fiquei impressionada ao ver que papai o tratava com o mesmo respeito que a um adulto. Ele lhe disse para dar uma olhada com calma, e foi o que o garoto fez.

Depois de mais ou menos vinte minutos, o garotinho pegou cuidadosamente um avião de brinquedo, foi até meu pai e disse:

— Quanto custa, senhor?

— Quanto você tem? — papai perguntou.

O garotinho estendeu a mão suada de tanto segurar o dinheiro. Nela havia duas moedas de dez centavos, uma de cinco e duas de um — vinte e sete centavos. O avião de brinquedo custava três dólares e noventa e oito centavos.

— Isto é o suficiente — disse papai, fechando o negócio.

Ainda posso ouvir a resposta do meu pai. Enquanto fazia o pacote, pensei sobre o que tinha visto. Enquanto o garotinho saía da loja, não notei o casaco sujo e surrado, o cabelo despenteado ou o único cadarço rasgado. O que vi foi uma criança radiante segurando um tesouro.

LaVonn Steiner

Levando o Coração para o Trabalho

É MAIS FÁCIL LIDAR COM AS PESSOAS SE VOCÊ LEVAR EM CONTA SEUS SENTIMENTOS DO QUE SE TENTAR MUDÁ-LOS.
— PAUL P. PARKER

Uma empresa me subcontratou para treinar a maior firma de *telemarketing* para a qual ela trabalhava. Enquanto dava treinamento de vendas para os funcionários da companhia notei uma agitação entre eles. Estavam aprendendo uma nova tecnologia de vendas que combina confiança, integridade e colaboração ao apoiar as decisões de compra de possíveis clientes. Eles trabalhavam duro e estavam entusiasmados com a possibilidade de aprender, mas parecia evidente que estavam reprimindo um total envolvimento. No final do primeiro dia, eu sabia que não poderia continuar sem compreender totalmente o que estava acontecendo com a equipe.

— Existe algum problema de vocês aprenderem esta tecnologia? — perguntei. Eles permaneceram sentados, em silêncio, enquanto eu esperava uma resposta. Finalmente, alguém falou.

— Seria ótimo se pudéssemos realmente usar essas coisas. Quer dizer, posso ver onde iria funcionar de verdade e não precisaria me sentir como se estivesse me aproveitando das pessoas com quem estou tratando. Porém, não acredito que a firma nos deixaria usá-la. Eles não se importam com as pessoas. Tratam-nos como se fôssemos subumanos, usam técnicas de venda extorsivas com possíveis clientes e só se importam com o lucro. Se descobrissem que estávamos usando esse tipo de abordagem, iriam colocar um ponto final.

Eu disse ao grupo que iria pensar sobre o problema e me comprometi a ajudá-los a descobrir uma maneira de incorporar as novas técnicas. Eles pareciam satisfeitos em tentar, mas não estavam convencidos de que eu fosse conseguir.

Dando continuidade ao programa, fui ao banco de telefones onde o pessoal de vendas trabalhava e observei quando o vice-presidente sênior da companhia apareceu para falar com uma das representantes. Ele a interrompeu no meio de uma ligação. Depois, dirigiu-se a outra pessoa que estava atendendo a uma chamada de vendas e perguntou-lhe por que havia uma foto pessoal sobre a mesa dela se isto não era permitido. Na mesa onde eu estava sentada havia um memorando do mesmo homem, dizendo que as pessoas teriam de usar ternos no dia seguinte e não deveriam tirar o paletó entre as onze horas e o meio-dia, pois alguns possíveis clientes iriam ao escritório.

Esperei que ele fosse para sua sala e bati na porta. Ensino colaboração; portanto decidi que estávamos numa situação de vencer ou vencer. Ele sorriu e disse que eu podia falar.

— Tenho um problema e espero que o senhor possa resolvê-lo. Fui contratada para ensinar uma nova tecnologia de vendas baseada em confiança e colaboração. No entanto, os vendedores estão com medo de aplicá-las.

Era um homem alto, um ex-fuzileiro naval. Recostou-se em sua cadeira e balançou-a, sorrindo para mim sobre um estômago avantajado. Então replicou:

— Se é lucrativo, por que estariam com medo?

Dei uma boa olhada no homem. Parecia amável, apesar de seu modo de agir não demonstrar isso.

— Importa-se se eu lhe fizer uma pergunta que provavelmente não tem nada a ver com isto? — perguntei.

Ele sorriu ainda mais e fez que sim com a cabeça enquanto balançava a cadeira. Eu podia sentir sua simpatia por mim.

— Como o senhor funciona no trabalho todos os dias, uma vez que deixa o coração em casa?

O homem continuou a balançar a cadeira devagar, sem alterar a expressão do rosto. Observei-o quando seu olho se estreitou. Ele respondeu:

— O que mais sabe sobre mim?

— Não entendo — arrisquei. — O senhor parece ser uma pessoa amável, no entanto seu modo de agir parece não levar as pessoas em consideração. O senhor está colocando as tarefas antes do relacionamento, mas de alguma maneira acho que sabe a diferença.

Ele olhou para o relógio e perguntou:

— Está livre para o jantar? Vamos lá, é por minha conta.

O jantar durou três horas. Ele contou com detalhes tudo que passara no Vietnã como um oficial que teve de fazer coisas ruins com pessoas boas. Ele chorou, eu chorei. A vergonha tinha feito com que se calasse e nunca antes havia discutido essas experiências com ninguém. Passou a vida acreditando que sua bondade podia ferir as pessoas, e portanto, anos antes, tinha decidido não deixar o coração interferir no seu trabalho. Era uma dor que ele carregava todos os dias. Sua confiança me deixou à vontade para falar sobre uma das aflições da minha vida, que eu raramente compartilhava com alguém. Juntos partilhamos comida fria, cerveja morna e lágrimas.

Na manhã seguinte, chamou-me à sua sala.

— Poderia sentar-se comigo enquanto faço uma coisa? — perguntou. Em seguida, chamou a mulher que havia me contratado e pediu desculpas por não apoiá-la e por ter sido indelicado com ela na frente de outras pessoas. Ela ficou surpresa e agradecida. Ele virou-se então para mim e perguntou:

— Há alguma coisa mais que você acha que eu deveria fazer?

Pensei por um instante e respondi:

— Talvez o senhor queira pedir desculpas para toda a equipe.

Sem hesitar, pegou o telefone e pediu para a secretária chamar todos eles para uma rápida reunião. Ali, desculpou-se com minha cliente na frente de todos, pediu desculpas por ter sido mal-educado e se dispôs a fazer quaisquer mudanças que julgassem necessárias, para que sentissem vontade de vir trabalhar todos os dias. Também queria aprender minha tecnologia e oferecê-la a toda a equipe de vendas.

Essa foi a primeira de muitas reuniões entre o vice-presidente, minha cliente e o grupo. Os que estavam procurando outro emprego, pararam de procurar. As pessoas começaram a acreditar que trabalhar não era ruim e poderia até ser divertido. O grupo adotou a nova abordagem cooperativa de vendas. O vice-presidente começou a usar suas habilidades com outras equipes. E eu ganhei um novo amigo.

Sharon Drew Morgen

Uma Pedra na Água

S OMOS CONFRONTADOS COM OPORTUNIDADES INSUPERÁVEIS.
— WALT KELLY, "POGO"

Os acontecimentos que culminaram no momento de maior orgulho da minha carreira de 28 anos como professora começaram numa segunda-feira, 9 de dezembro de 1990. As tropas americanas estavam combatendo na Arábia Saudita, na operação Tempestade no Deserto. Eu estava na lanchonete do ginásio, depois da aula, reunida com outros professores. A coordenadora do curso de computação contou-nos a respeito do Projeto Escudo no Deserto criado pelo grande ex-jogador de futebol do Chicago Bears, Walter Payton.

Ela disse que ele havia fretado um avião para voar até o Golfo Pérsico no domingo e entregar pessoalmente presentes e donativos da área metropolitana de Chicago. Pediram-nos para solicitar aos nossos alunos que escrevessem cartões de Natal e cartas para alegrar nossos soldados durante os feriados.

Na terça-feira seguinte, enquanto dirigia para a escola, lembrei-me de quando passei o Natal nas Filipinas na época em que eu fazia parte do Corpo da Paz na década de 1960. Eu havia recebido alguns biscoitos de casa. Ah, que diferença eles fizeram! Senti que me amavam e que se preocupavam comigo. Comecei a pensar que, se cada aluno contribuísse com cinqüenta centavos, teríamos sessenta dólares para comprar biscoitos e mandar no avião no domingo. Quando perguntei aos alunos de cada uma das minhas cinco classes naquela terça-feira se eles concordavam em contribuir com cinqüenta centavos, recebi total apoio. Durante o dia, quando a notícia do nosso projeto do biscoito se espalhou, a Sociedade da Honra Nacional se ofereceu para contribuir com cadernos. A coordenadora de trabalhos disse que sua classe iria encher meias de Natal com doces.

Na quarta-feira de manhã fui ao escritório central e falei com a secretária do diretor a respeito do dinheiro que meus alunos estavam arrecadando para comprar biscoitos, e também sobre o que as outras classes estavam fazendo. Perguntei-lhe se a administração iria fazer algum donativo. O diretor concordou. Eu estava tão encantada que perguntei então se ela ligaria para o escritório regional para ver se a administração central também iria contribuir. Eles também concordaram em apoiar nosso projeto.

Quando mostrei à classe o total que havíamos arrecadado, vimos que teríamos mais de 150 dólares para gastar e, portanto, poderíamos comprar mais do que biscoitos. Fizemos uma lista dos artigos que pessoas da família gostavam de mandar, e três alunos de cada classe se ofereceram para formar um comitê de compras.

Na quinta-feira fui almoçar na sala dos professores e com entusiasmo falei sobre o envolvimento da escola no Projeto Escudo no Deserto. Um dos ouvintes disse que insetos de areia estavam entrando nos pacotes que eram enviados do exterior e sugeriu que eu procurasse uma indústria de pipocas para ver se eles poderiam doar recipientes de metal vazio.

Além de recipientes vazios, a indústria doou várias caixas de pipoca. Quando fiz o relatório diário para a classe e falei sobre a atitude da indústria de pipocas, os alunos começaram a refletir sobre outras maneiras de ajudar por meio do local de trabalho dos pais.

Até o final dessa quinta-feira, havíamos arrecadado 260 dólares. De posse de uma carta oficial que relatava o envolvimento da escola no Projeto Escudo no Deserto, os membros do comitê de compras saíram para comprar as mercadorias.

Ao chegar à classe na manhã da sexta-feira, fiquei surpresa quando vi os funcionários descarregando um monte de caixas. Os 15 membros do comitê entraram, um a um, com suas compras. Estavam bastante entusiasmados. Disseram que tinham tido dificuldade para pagar por qualquer coisa, pois os comerciantes queriam fazer donativos. Havia tantas caixas e caixotes que não conseguíamos colocar tudo dentro da perua da escola. O diretor teve de chamar a administração central e requisitar um caminhão. Enchemos o caminhão com mais de dois mil dólares em produtos. Em seguida, nos reunimos todos atrás do caminhão para uma foto com uma faixa onde se lia: "Elk Grove se importa... Feliz Natal!"

Voltei para a classe vazia, que poucas horas antes estivera repleta de alunos animados e bem-intencionados. Pensei em como esse projeto tinha sido gratificante e quanto apoio e estímulo eu recebera. Lembro-me de ter me sentado ali em silêncio, pensando: *Muito bem, meu Deus, eu consegui. Agora sei por que estou na sala de aula.*

Na segunda-feira seguinte pedi que cada um dos meus alunos escrevesse um parágrafo sobre o Projeto Escudo no Deserto. Alguns escreveram que iriam participar ativamente da comunidade quando crescessem. Outros mencionaram que a contribuição de cada pessoa é muito importante, e um deles disse que uma atitude como essa era como a seqüência de ondas que se forma quando se atira uma pedra na água.

Porém, a reação que mais me emocionou foi a de um aluno que escreveu: "Sra. O'Brien, eu estava preparado para me matar nesta semana. Então entrei para o comitê e vi que fui aceito pelos outros, e... muito obrigado."

Sally K. O'Brien

Simplesmente não Consigo Acreditar

Nossa vida estará sempre repleta se nosso coração for sempre generoso.

— Anônimo

Depois de trabalhar durante trinta anos na American Airlines, aposentei-me ao completar 50 anos de idade. Nessa altura da minha vida, comecei finalmente a fazer o que Deus havia planejado para mim na última metade da minha vida: inspirar, motivar e criar *momentos especiais*.

Em junho de 1995, parei no posto de gasolina local como sempre fazia, e por acaso comprei um bilhete de loteria. Millie estava em serviço. Ela é o tipo da alma generosa que tem sempre um sorriso nos lábios e uma palavra amável para todos. Naquele fim de tarde brincamos e rimos como fizéramos tantas vezes antes. Brinquei que lhe daria mil dólares se ganhasse dez milhões na loteria. Millie disse que, se eu ganhasse, o melhor que podia fazer seria levá-la para jantar em Paris, e ela não se referia à cidade de Paris, no Texas. Divertimo-nos bastante com isso. Enquanto ia embora, pensei em como era interessante o fato de que para mim "loteria" significava dez milhões, enquanto para ela significava um almoço em Paris. Millie não sabia da minha ligação com a companhia de aviação.

Por volta de 21 de dezembro, fui novamente ao posto de gasolina. Millie estava trabalhando. Entreguei-lhe um cartão de Natal e pedi que o abrisse e lesse na minha frente. Ela abriu o cartão e começou a ler:

Querida Millie,
No dia 17 de junho de 1995 você me vendeu este bilhete de loteria (anexo). Bem, não ganhei os dez milhões de dólares na loteria, mas você ganhou. Escolha a data que quiser em 1996, arrume as malas e apronte o passaporte para aquele almoço de gala em Paris. Este é o meu presente por você fazer com que todos os que entrem em contato com você se sintam especiais. Obrigada. Deus a abençoe e tenha um feliz Natal.

Millie não podia se conter de contentamento. Andava de um lado para o outro no pequeno cubículo. Eu mesma mal podia me conter. Nesse momento, compreendi o que significava criar um momento especial para as pessoas que fazem parte da nossa vida.

Tenho visto Millie várias vezes nas últimas semanas. Cada vez que entro no posto de gasolina seu rosto se ilumina enquanto corre para me abraçar e beijar o meu rosto. Ela fala de como "não consegue acreditar", como telefonou para a mãe, falou para o patrão e etc., etc. Mas o que mais me emocionou foi quando ela me disse:

— Mary Ann, no meu testamento está escrito que se eu morresse antes desse almoço, minhas cinzas deveriam ser espalhadas sobre Paris.

Mary Ann Dockins

Um Anjo na Soleira

Só CONSIGO TER PAZ DE ESPÍRITO QUANDO PERDÔO EM VEZ DE JULGAR.
— GERALD JAMPOLSKY

Quando Ben entregou leite na casa da minha prima naquela manhã, ele não estava num de seus melhores dias. O homem franzino de meia-idade parecia não estar a fim de falar.

Estávamos no final de novembro de 1962, e como recém-chegada em Lawndale, na Califórnia, estava encantada de ver que leiteiros ainda deixavam o leite na soleira das portas. Nas semanas que meu marido, meus filhos e eu passamos com minha prima enquanto procurávamos uma casa, havia me acostumado com o jeito jovial e espirituoso de Ben.

Naquele dia, no entanto, enquanto retirava os litros de leite do engradado, ele era o desânimo em pessoa. Devagar e depois de muitas perguntas consegui arrancar dele a história. Contou-me, um pouco constrangido, que duas clientes haviam deixado a cidade sem pagar o que deviam e que ele teria de arcar com o prejuízo. Uma delas devia apenas dez dólares, mas a outra devia 79 dólares em contas atrasadas e não tinha deixado o endereço. Ben estava furioso pela sua estupidez de ter deixado a conta ficar tão grande.

— Ela era uma mulher bonita — disse —, com seis filhos e esperando outro. Estava sempre dizendo: "Vou pagar logo que meu marido arranjar um segundo emprego." Acreditei nela. Que tolo eu fui! Pensei que estava fazendo uma coisa boa, mas aprendi a lição.

Tudo o que pude dizer foi:
— Lamento muito!

Da outra vez que o vi, sua raiva parecia maior. Bufava de ódio ao falar das crianças bagunceiras que haviam tomado todo o seu leite. A família encantadora se tornara um bando de fedelhos.

Tornei a expressar meu pesar e deixei a poeira assentar. Porém, quando Ben foi embora, descobri que estava muito envolvida com o problema e queria muito ajudar. Preocupada que esse incidente pudesse amargurar uma pessoa tão cordial, meditei sobre o que fazer. Lembrando-me de que o Natal estava próximo, pensei no que minha avó costumava dizer: "Quando uma pessoa tirar alguma coisa de você, dê a ela, assim você nunca será roubada."

Da outra vez que Ben entregou o leite, disse-lhe que havia uma maneira de fazê-lo se sentir melhor sobre os 79 dólares.

— Nada pode fazer com que eu me sinta melhor — disse —, mas diga de qualquer maneira.

— *Dê* o leite para a mulher. Faça com que seja um presente de Natal para as crianças que precisam dele.

— Está brincando? — replicou. — Não dou nem à minha mulher um presente tão caro.

— A Bíblia diz: "Eu era um estranho e você me deixou entrar." Você apenas a deixou entrar com todas as suas crianças.

— Será que você não quer dizer que ela deixou *eu* entrar? O problema é que os 79 dólares não eram *seus*.

Não insisti, mas ainda acreditava na minha sugestão.

Brincamos com isso quando ele voltou:

— Você já levou o leite para ela? — perguntei.

— Não — retrucou rápido —, mas estou pensando em dar um presente de 79 dólares para minha mulher, a não ser que outra linda mãe comece a brincar com os meus sentimentos.

Toda vez que eu lhe fazia esta pergunta, ele parecia ficar um pouquinho mais animado.

Então, seis dias antes do Natal, aconteceu. Ele chegou com um enorme sorriso e os olhos brilhando.

— Consegui! Dei o leite a ela como presente de Natal. Não foi fácil, mas o que eu tinha a perder? Já estava perdido, não estava?

— Sim, estava — eu disse, sentindo-me feliz por ele —, mas você tem de fazer isto de coração.

— Eu sei — ele disse. — Eu fiz. E realmente me sinto melhor. É por isso que estou sentindo este espírito de Natal. Aquelas crianças tiveram bastante leite no cereal graças a mim.

Os feriados vieram e se foram. Numa manhã ensolarada de janeiro, duas semanas depois, Ben veio correndo me contar:
— Espere até ouvir isto — disse sorrindo.
Explicou que estava fazendo outro trajeto, no lugar de outro leiteiro. Ao ouvir alguém gritar seu nome, olhou por sobre o ombro e viu uma mulher correndo pela rua abaixo, agitando um dinheiro na mão. Reconheceu-a imediatamente — a linda mãe com todas as crianças, a que não pagara a conta. Estava carregando um bebê envolto num pequeno cobertor.
— Ben, espere um minuto! — ela gritou. — Tenho um dinheiro para você.
Ele parou e desceu do caminhão.
— Sinto muito — ela disse. — Eu realmente queria pagar você — e explicou que o marido havia chegado em casa uma noite dizendo que tinha encontrado um apartamento mais barato. Iria também começar um emprego noturno. Com tudo o que aconteceu, havia se esquecido de deixar o endereço.
— Mas tenho economizado — disse. — Aqui estão vinte dólares para cobrir uma parte da dívida.
— Tudo bem — ele disse. — Já foi paga.
— Paga! — ela exclamou. — O que você quer dizer? Quem pagou?
— Eu paguei.
Ela olhou para ele como se ele fosse o anjo Gabriel e começou a chorar.
— E então — perguntei quando Ben acabou de contar a história —, o que você fez?
— Eu não sabia o que fazer; então coloquei um braço no ombro dela. Antes que soubesse o que estava acontecendo, comecei a chorar, e eu não tinha a menor idéia de por que estava chorando. Então pensei em todas aquelas crianças colocando leite no cereal, e sabe o que mais? Fiquei muito feliz que você tenha me dado esta idéia.
— Você não aceitou os vinte dólares?
— Ah, não — disse indignado. — Eu lhe dei o leite como presente de Natal, não dei?

Shirley Bachelder

Papai Noel Vai Até Joana

As AMIZADES MULTIPLICAM AS ALEGRIAS E DIVIDEM AS TRISTEZAS.
— Thomas Fuller

Todo escritório tem uma Joana, ou deveria ter. É a ela que todos recorrem quando a carga de trabalho está pesada demais. É ela quem tem sempre uma boa história para contar e um sorriso pronto nos lábios. Todos os anos na festa de Natal é ela quem transforma a fria sala de reuniões da empresa com toalhas de mesa, miniaturas de árvores de Natal repletas de pequeninas lâmpadas brancas, além de bules, xícaras de chá e pratos de verdade que ela traz de casa.

Joana é também uma sobrevivente de câncer de mama e foi diagnosticada como tendo câncer nos pulmões no início do ano. Tem sido um período muito difícil para ela, tendo de encarar de novo sua própria mortalidade e sofrendo de problemas na vista que não apenas trouxeram outras complicações à sua saúde e bem-estar, mas também fizeram com que faltasse vários dias no emprego. Com isso, às suas preocupações com a saúde somaram-se dificuldades financeiras. Portanto, esse ano, em vez de trocar presentes de Natal, juntamos algum dinheiro para Joana. Durante a festa de Natal lhe entregamos uma série de vales-presente.

O problema de visão de Joana era uma luta diária. Às vezes, quando estava cobrindo a folga da recepcionista na mesa telefônica, não conseguia enxergar os números suficientemente bem para transferir a ligação para o ramal correto. O médico prescrevera novos óculos, mas ela não aviara a receita porque não tinha dinheiro. O primeiro vale-presente foi para um novo par de óculos.

Moramos em Minnesota, onde os invernos são rigorosos e a conta do aquecimento central pode ser enorme. Joana não tinha idéia do que iria fazer nesse ano. O outro vale-presente foi para o pagamento da conta de gás.

Por ser uma portadora de câncer, ela tem sido estimulada a incluir mais frutas e verduras na alimentação. Decidimos ajudá-la a fazer o que é melhor para seu corpo dando-lhe um vale-presente para a loja de hortaliças e frutas.

Finalmente, lhe demos um vale para uma loja de departamento local.

Joana delicadamente aceitou os presentes e nos agradeceu por encorajá-la nesse momento realmente difícil. Contou-nos então que, quando tinha 6 ou 7 anos, as crianças da escola lhe disseram que Papai Noel não existia. Naquele ano, pediu coisas que sabia que os pais não podiam comprar, apenas para testar o querido velhinho. Sua mãe, decidida a fazer com que ela acreditasse por pelo menos mais um ano, deu um jeito de conseguir tudo o que havia na sua lista.

Este ano, Joana disse, foi como aquele Natal há muito tempo. Agora ela podia acreditar mais uma vez que os sonhos realmente se tornavam realidade. Foi a melhor festa de Natal que já tivemos.

Angela Barnett

Os Arc'anjos

É MELHOR DAR E RECEBER.
— BERNARD GUNTHER

Muitos anos atrás, Iris Arc Crystal, uma empresa que fundei junto com Francesca Patruno, passou por um período de muito pouca atividade. Contratáramos havia pouco tempo vários funcionários e tínhamos esperança de que essa fase fosse passageira. Naquela época tínhamos trabalho suficiente apenas para quatro dias da semana. Porém, em vez de despedir vinte por cento dos funcionários ou mandá-los para casa um dia por semana, decidimos manter todos na folha de pagamento trabalhando de segunda a quinta e utilizar as sextas-feiras para realizar projetos sociais em nossa cidade de Santa Barbara.

Lembro-me de ter telefonado para várias agências de prestação de serviços para saber o que a comunidade precisava. Dividimo-nos em três grupos e aparecíamos onde as agências diziam que precisavam de nós. Na primeira semana, o grupo do qual eu fazia parte foi à residência de um senhor ucraniano bastante idoso para fazer uma limpeza geral na casa dele e no jardim.

Quando chegamos, uma senhora de idade nos recebeu na porta. Pensamos que se tratava da mulher, mas ficamos sabendo que era a filha. Tinha 75 anos, e o pai, 97! Ela nos disse o que precisava ser feito e começamos a limpar a casa desde o chão até o teto. É impressionante a quantidade de trabalho que um grupo pode fazer quando todos estão trabalhando juntos e ajudando alguém que realmente necessita. Quando terminamos, no final do dia, a casa suja e encardida havia se transformado num palácio impecavelmente limpo.

A coisa de que mais me lembro a respeito desse dia, no entanto, não foi o excelente serviço de limpeza que fizemos, mas algo completamente diferente. Logo que entramos na casa, notei os lindos desenhos feitos com tinta e caneta que enfeitavam as paredes de todos os cômodos. Perguntei à filha quem os havia feito. Ela disse que tinha sido o pai e que ele nunca havia se dedicado à arte antes dos 80 anos. Fiquei estarrecido; aqueles desenhos eram obras de arte que poderiam facilmente estar em um museu. Nessa época, eu estava com trinta e poucos anos e queria fazer alguma coisa que utilizasse mais a minha criatividade e minhas habilidades artísticas do que o cargo de presidente de uma indústria de artigos para presente possibilitava. Eu achava que seria muito difícil fazer uma mudança naquele estágio "avançado" da minha vida. Gente, meus horizontes realmente se expandiram naquela tarde!

Durante várias semanas, continuamos a realizar serviços comunitários, incluindo a pintura completa de uma casa e a instalação de uma grande arquibancada numa academia de hipismo para crianças deficientes. Divertimo-nos bastante e fizemos muitas coisas boas. Acabamos ganhando o apelido de Arc'anjos. Além da sensação gostosa de ajudar outras pessoas, a sensação agradável de fazer parte de uma companhia que se interessava tanto por seus funcionários quanto pela comunidade ajudou a criar uma atmosfera de trabalho da qual era uma grande alegria fazer parte.

Jonathan Wygant

Estou solicitando minha liberdade condicional antes da hora para que eu possa fazer a divulgação do meu último livro.

Reproduzido com a autorização de Harley Schwadron.

Dando Prioridade às Pessoas

Forrest King não podia acreditar naquela cena. Dezenas de funcionários da Federal Express aplaudiam enquanto ele e a mulher desciam do Boeing 747 fretado. King tinha vindo a Memphis com outros empregados da Flying Tiger, cuja companhia fora recentemente comprada pela Federal Express, para ver se eles queriam ser remanejados. A recepção completa, com tapete vermelho e um comitê de boas-vindas que incluía o prefeito de Memphis e o presidente da FedEx, foi a apresentação de King a essa empresa incomum.

Segundo King: "Parece-me que quando uma empresa assume o controle de outra, eles não são necessariamente obrigados a dar emprego aos funcionários. Mas todos — e isto foi comunicado por um memorando e mais tarde por um vídeo — receberam uma oferta de emprego."

O estilo de administração do presidente Fred Smith de "dar prioridade às pessoas" pode ser resumido pelos *slogans* da FedEx: "Gente, Serviço, Lucro", ou GSL. "Cuide dos funcionários; em troca eles vão realizar o serviço impecável exigido pelos clientes, que irão nos recompensar com a lucratividade necessária para assegurar o nosso futuro."

E a FedEx realmente cuida de seus funcionários. Quando o programa de mala direta da empresa foi fechado em 1986, todos os 1.300 funcionários que trabalhavam nesse departamento tiveram prioridade no serviço interno de enviar solicitações de emprego. Os empregados que não conseguiram achar cargos com salários equivalentes podiam assumir cargos inferiores, mantendo o salário anterior por até 15 meses, ou até que encontrassem outro emprego com um salário maior.

E quando a FedEx interrompeu uma grande parte de seus serviços na Europa, reduzindo o quadro de funcionários na Europa de 9.200 para 2.600, ela foi elogiada pelo *The London Times*, entre outras coisas, pela maneira com que lidou com o corte de pessoal. Por exemplo, ela colocou anúncios de página inteira em vários jornais estimulando outras empresas a contratarem ex-funcionários da FedEx. Só na Bélgica, oitenta empresas responderam ao anúncio, com um total de seiscentas ofertas de emprego.

O pessoal da FedEx mantém-se unido em tempos difíceis.

*Robert Levering, Milton Moskowitz
e Michael Katz*

"Obrigada por Acreditar em Mim"

A VERDADEIRA DESCOBERTA NÃO ESTÁ EM ENCONTRAR NOVAS TERRAS,
MAS EM VER AS COISAS COM OUTROS OLHOS.
— MARCEL PROUST

Quando eu era assistente social numa clínica psiquiátrica de Nova York, pediram-me que visse Roz, uma moça de 20 anos que havia sido encaminhada por outra instituição. Foi uma transferência fora dos padrões normais, pois nenhuma informação sobre ela fora enviada antes de sua primeira entrevista. Disseram-me para "me virar" e descobrir quais eram os problemas dela e do que necessitava.

Sem um diagnóstico em que me basear, classifiquei Roz como uma jovem infeliz e incompreendida que não tinha sido ouvida na terapia anterior. A situação de sua família era desagradável. Eu não a via como uma pessoa perturbada, mas como uma pessoa solitária e incompreendida. Ela respondeu de maneira bastante positiva quando foi ouvida. Esforcei-me para que começasse uma vida que valesse a pena ser vivida — para que encontrasse um emprego e um bom lugar para viver e fizesse novas amizades. Nós nos demos bem e logo ela iniciou importantes mudanças em sua vida.

Os relatórios das instituições psiquiátricas anteriores chegaram um mês depois que havíamos começado a trabalhar juntas. Para minha completa surpresa, eles eram bastante volumosos e descreviam inúmeras internações psiquiátricas. O diagnóstico era "esquizofrenia paranóica", com um comentário dizendo que era "um caso perdido".

Essa não tinha sido de maneira alguma a minha experiência com Roz, portanto decidi esquecer essa papelada. Nunca a tratei como se fosse "um caso perdido". (Questionar a validade de um diagnóstico foi uma lição para mim.) Descobri os horrores que ela havia passado naquelas internações, que havia sido drogada, isolada e molestada. Aprendi muito com ela sobre como sobreviver a circunstâncias tão traumáticas.

Primeiro Roz encontrou um emprego, depois um lugar para morar, longe da família problemática. Depois de vários meses, ela me apresentou ao seu futuro marido, um empresário bem-sucedido que a adorava.

Quando terminou a terapia, Roz presenteou-me com um marcador de livros de prata e um bilhete que dizia: "Obrigada por acreditar em mim."

Trago sempre este bilhete comigo e vou guardá-lo para o resto da vida, para que me lembre da opção que faço pelas pessoas, graças ao triunfo de uma mulher corajosa sobre um diagnóstico de "caso perdido".

Judy Tatelbaum

Um Gesto de Bondade

O AMOR CURA AS PESSOAS — TANTO AS QUE O DÃO COMO AS QUE O RECEBEM.
— Dr. Karl Menninger

Eu estava sendo entrevistado pelo gerente de uma grande companhia seguradora. Disse-lhe honestamente que o principal motivo de estar naquela entrevista era a necessidade de manter minha família em Boston. Minha mulher, com a qual eu estivera casado por 26 anos, morrera recentemente de ataque cardíaco. Um emprego em Boston me ajudaria a amenizar um pouco o enorme trauma e a dor que minha filha de 16 anos sentia pela perda da mãe. Era importante para mim mantê-la na escola em que estava.

Eu mal podia falar sobre a morte de minha mulher. Bruce, o entrevistador, foi solidário e educado mas não fez mais perguntas. Ele compreendeu minha perda e com grande respeito mudou de assunto.

Depois da segunda rodada de entrevistas, Bruce levou-me para almoçar com outro gerente. Em seguida, perguntou se podíamos caminhar juntos. Falou que também havia perdido a esposa. Como eu, também tinha sido casado por 20 anos e tinha três filhos. Percebi então que ele tinha passado pela mesma dor que eu — uma dor quase impossível de explicar a alguém que nunca perdeu um ente querido. Deu-me seu cartão e o número do telefone de sua residência e disse que, se eu precisasse de ajuda ou apenas de alguém para conversar, eu podia me sentir à vontade para procurá-lo. Conseguindo ou não o emprego, ele queria que eu soubesse que ele estaria lá se alguma vez eu precisasse.

Por causa desse gesto de bondade quando esse homem não fazia idéia se iríamos nos encontrar novamente, ele ajudou nossa família a lidar com uma das maiores perdas da vida. Ele transformou o processo frio de uma entrevista de emprego em um ato de interesse e apoio por outra pessoa numa hora de extrema necessidade.

Mike Teeley

O Poder de Ser Humano

A VIDA OFERECE OPORTUNIDADES PARA QUE CADA UM DE NÓS DÊ AMOR À SUA MANEIRA.
— Dr. Bernie Siegel

Com meu diploma de Princeton e uma reputação de bom orador na bagagem, cheguei à igreja de uma pequena cidade em alguma parte de Oklahoma e comecei a fazer sermões tão brilhantes quanto meu currículo.

A congregação reagiu de forma amável e encorajadora, mas nem todos ficavam inflamados com o fervor que eu imaginara, principalmente os diáconos. A maioria deles era jovem, da minha idade ou pouco mais velhos. Decidi que lhes faltava maturidade para apreciar a seriedade do desafio eloqüente que eu colocava diante deles.

Havia uma exceção: Vilas Copple. Vilas era mais velho — por volta de 50 anos, suponho. Parecia um trabalhador de uma plataforma de petróleo, como de fato era. Não sei exatamente o que fazia, mas suspeito que era alguma coisa que exigia tanto o conhecimento que se adquire com a experiência quanto a capacidade de suportar trabalhos braçais pesados. Tenho certeza de que se importava com a igreja. Cantava no coral, freqüentava a escola dominical e apoiava meus esforços no sentido de inflamar os diáconos.

Foi sobre isso que Vilas e eu discutimos durante quase uma hora numa segunda-feira à noite, após o encontro dos diáconos. Depois nos separamos e fomos para casa. Assim que entrei em casa, o telefone tocou. Era Vilas. Ao chegar em casa, encontrou a esposa morta no chão da cozinha. Haviam jantado juntos naquele dia e ela parecia estar em perfeita saúde. Mas agora isso... Será que eu poderia ir até lá? Claro, esse era o meu trabalho.

Fui caminhando até a casa dele, não apenas porque era relativamente perto, mas também porque eu não tinha pressa de chegar. A cada passo, mais e mais perguntas surgiam na minha cabeça. O que eu iria dizer? O que eu poderia fazer? Como poderia ajudar? Não era como preparar um sermão. Para os sermões eu tinha tempo e livros para consultar; não havia uma urgência desesperada associada a eles, apenas o meu desejo de ser visto como um mestre da motivação. Aquilo era diferente, era uma situação real. A mulher de um homem, sua companheira amada e dedicada, a mãe de seus filhos, estava morta. Apesar de ser meu trabalho, eu não tinha nada a dizer.

Portanto, foi isso o que fiz durante quase toda a noite. Não falei quase nada. Depois que o legista saiu e o corpo foi levado, Vilas e eu permanecemos sentados na sala durante horas, a maior parte do tempo em silêncio. Havia umas poucas orações que quase não se podia ouvir, sussurradas, frases fragmentadas. Ele não era um homem de palavras, e eu, me confrontando pela primeira vez com a necessidade premente de um ser humano, não tinha nada a dizer.

O dia estava amanhecendo quando voltei para casa. Uma das lembranças mais claras que tenho dessa noite foi de ter me olhado no espelho enquanto escovava os dentes e dizer: *Que diabos você está fazendo nesse negócio?* Fui me deitar pensando sobre os outros tipos de trabalho que eu poderia fazer sem ter de voltar a estudar. Nada me veio à mente.

Cerca de dois anos depois, fui chamado para outra igreja. Estava entusiasmado com a minha ida, mas ao mesmo tempo triste por me separar de uma congregação que tinha sido tão compreensiva e havia apoiado seu jovem pastor. Eles haviam me ensinado muito e educadamente asseguraram-me de que eu fizera o mesmo por eles. Olhando para trás, vi que saí ganhando.

Chegou o último domingo, o último sermão. Até mesmo algumas pessoas do coral, que normalmente costumavam ir direto até a saleta para pendurar a túnica depois do culto, estavam na fila para apertar a mão e dar um abraço no pastor que ia partir. Levantei os olhos e lá estava Vilas, com grossas lágrimas escorrendo pelo seu rosto vermelho. Ele colocou minha mão entre as suas, olhou-me direto nos olhos e disse:

— Bob, eu nunca teria conseguido suportar aquela noite sem você.

Não havia necessidade de explicar o que ele quis dizer com "aquela noite", mas de maneira alguma estava óbvio por que ele não teria conseguido suportá-la sem mim. Aquela tinha sido a noite em que eu tinha me sentido desprezível e incapaz de fazer alguma coisa importante ou útil; a noite em que fiquei dolorosamente consciente de que me faltavam palavras e a capacidade de agir com eficiência no meio de uma catástrofe, de penetrar o trauma com pelo menos um pouco de esperança. Mas para Vilas, aquela foi a noite que ele não conseguiria ter suportado sem mim. Por que será que tínhamos lembranças tão diferentes?

A verdade é que nós simplesmente não somos sempre sábios ao encarar as tragédias da vida. Há apenas uma coisa errada com aquele velho ditado: "Sou apenas humano." Normalmente isso soa como uma desculpa, quando deveria ser uma afirmação, uma gloriosa afirmação de nossa gratidão, e de nosso mérito.

Robert R. Ball

Uma Palavra Gentil

*E*STAMOS AQUI PARA AJUDAR UNS AOS OUTROS NA JORNADA DA VIDA.
— WILLIAM J. BENNETT

    Em janeiro de 1986, eu estava dando uma olhada rápida pelos canais de televisão quando vi os créditos finais de um programa chamado "Negócios Engraçados", um *show* sobre cartum. Eu sempre quis ser cartunista, mas não sabia o que fazer. Escrevi para o apresentador do programa, o cartunista Jack Cassady, e pedi seu conselho sobre como entrar na profissão.
    Algumas semanas depois, recebi uma carta de Jack, de próprio punho, encorajando-me e respondendo a todas as minhas perguntas sobre o material necessário e também como proceder. Avisou-me da possibilidade de ser recusado no início e aconselhou-me a não ficar desanimado se isso acontecesse. Disse que as charges que eu enviara para ele eram muito boas e mereciam ser publicadas.
    Fiquei muito animado e, afinal, compreendi como funcionava todo o processo. Enviei minhas melhores charges às revistas *Playboy* e *The New Yorker*. Elas me recusaram de imediato com cartas frias e padronizadas. Desencorajado, coloquei o material de desenho no armário e decidi esquecer o assunto.
    Em junho de 1987 — inesperadamente — recebi uma segunda carta de Jack Cassady. Era surpreendente, pois eu não havia nem mesmo agradecido o conselho inicial. Aqui está o conteúdo da carta:

Caro Scott:

Estava revendo os arquivos de correspondência do programa "Negócios Engraçados" quando me deparei novamente com sua carta e com as cópias das suas charges. Lembro-me de tê-la respondido.

O motivo desta é estimulá-lo uma vez mais a apresentar suas idéias a várias publicações. Espero que já tenha feito isso e esteja a caminho não só de ganhar algum dinheiro, mas também de se divertir. Às vezes é difícil conseguir estímulo no ramo do humor gráfico. É por isso que o estou incentivando a perseverar e continuar desenhando.

Desejo-lhe muita sorte, boas vendas e bons desenhos.

Atenciosamente, Jack

Fiquei profundamente comovido pela carta, em grande parte porque Jack não tinha nada a lucrar — inclusive meus agradecimentos, como ficou demonstrado. Incentivado por ele, tirei meu material de desenho do armário e fiz as charges que, finalmente, se transformaram em "Dilbert". Agora, setecentos jornais e seis livros mais tarde, as coisas vão muito bem em Dilbertville.

Estou certo de que eu não teria tentado novamente ser um cartunista se Jack não tivesse me enviado a segunda carta. Com uma palavra gentil e um selo de correio ele desencadeou uma série de acontecimentos que agora chegam até vocês. À medida que "Dilbert" começou a fazer mais sucesso, passei a dar valor à grandeza do simples gesto de generosidade de Jack. Mais tarde lhe agradeci, mas nunca vou me esquecer de que recebi um presente que desafia a reciprocidade. De alguma maneira, o agradecimento não parece ser suficiente.

Com o tempo, compreendi que o objetivo de alguns presentes não é a retribuição. Todos nós conhecemos alguém que iria se beneficiar com uma palavra amável. Eu o estou estimulando a fazer isto. Para um maior impacto, faça-o por escrito. E faça-o por alguém com quem você sabe que não tem nada a lucrar.

É importante incentivar a família e os amigos, mas a felicidade deles está intimamente ligada à sua. Para uma maior agilização, sugiro que você incentive alguém que não possa retribuir o favor — o gesto não será esquecido por aquele que o recebe.

E lembre-se, não existe esse negócio de um pequeno gesto de amabilidade. Todo gesto gera uma comoção cujo resultado não se pode prever.

Scott Adams (criador de "Dilbert")
Enviada por Andrew Shalit

O Tira Mais Jovem do Arizona

A COMPAIXÃO É A PRINCIPAL LEI DA EXISTÊNCIA HUMANA.
— FIODOR DOSTOIEVSKI

Tommy Austin tinha uma boa reputação. No seu mundo, as mentiras eram uma rotina. Todos tinham uma desculpa e um artifício. Ele era um funcionário da alfândega no Arizona. Tinha de ser esperto e durão — e Tommy era tanto uma coisa quanto outra.

Chris era um garoto magricela de 7 anos que havia sido hospitalizado por causa de leucemia. Seu mundo era simples. Seus heróis eram Pancho e John, dois tiras que percorriam as rodovias de motocicleta, na televisão, e faziam com que coisas boas acontecessem. Chris queria ser um deles.

A mãe de Chris, Linda, era uma mãe solteira que havia se mudado para Phoenix na esperança de recomeçar uma vida melhor, mas infelizmente a situação foi de mal a pior.

Um dia, no fim da tarde, Tommy foi visitar um amigo no hospital onde Chris estava internado. O menino pegou-o de surpresa: "Mãos ao alto! Eu sou um tira e você está preso." Como os homens fazem com as crianças, Tommy entrou na brincadeira. Como as crianças fazem com os homens, Chris respondeu com imaginação, inocência e confiança. Tommy queria lhe dar um presente em retribuição.

Ele sabia que aquele garoto magricela nunca poderia ser o tira que sonhava, mas sonhava com uma maneira de fazer dele um tira. Recrutou, então, a ajuda de dois patrulheiros, Scott e Frank, duas amigas, seu chefe e um alto funcionário da Secretaria de Segurança Pública do Arizona.

No primeiro dia, Chris andou em um carro de patrulha de verdade e ligou a sirene. Voou em um helicóptero da polícia. Brincou com sua moto de polícia em miniatura movida a pilha e ganhou um "distintivo". Foi declarado "o primeiro e único policial de 7 anos de idade do Arizona". As duas mulheres passaram a noite confeccionando um uniforme sob medida para ele. Chris viveu seu sonho em três dias de glória e amor incrivelmente emocionantes.

No quarto dia, pediu que a mãe levasse o uniforme para o hospital. Scott e Frank colocaram nele o "distintivo" e, nesse dia, Chris morreu. Houve aqueles que pensaram que a leucemia tinha, tragicamente, feito outra criança como vítima — mas foi um "tira" quem morreu naquele dia.

Quando Linda levou-o de volta para o leste para ser sepultado, o corpo foi acompanhado pela Patrulha Rodoviária do Arizona. "Enterramos nossos companheiros", disseram, e Chris teve o enterro de um policial.

Uma citação de Lowell diz: "Não é o que damos, mas o que compartilhamos." Tommy, os patrulheiros Scott e Frank, Linda, a mãe de Chris, e mais de 11 mil voluntários em 82 organizações compartilharam do presente de Chris. A Fundação Realize um Desejo, fundada na cozinha de uma mãe angustiada, já realizou mais de 37 mil desejos de crianças com doenças fatais desde 1980. No resto do mundo mais de três mil crianças já viveram o legado do "primeiro e único policial de 7 anos de idade do Arizona".

Michael Cody

3

O Poder do Agradecimento

Se a única oração que você diz em toda a sua vida é "muito obrigado", isso deve bastar.

— Meister Eckhart

A História da Baleia

*E*LOGIE AQUILO QUE VOCÊ QUER QUE ACONTEÇA DE NOVO.
— TOM PETERS

Você já se perguntou como o treinador da baleia e do boto do Sea World consegue fazer com que Shamu, uma baleia de cerca de 8.600 quilos, pule sete metros fora da água e faça brincadeiras? Eles conseguem fazer com que essa baleia salte sobre uma corda a uma altura maior do que a maioria de nós poderia imaginar. É um grande desafio — tão grande quanto aqueles que você e eu encaramos como pais, treinadores ou administradores.

Você pode imaginar a típica abordagem administrativa americana para essa situação? A primeira coisa que faríamos seria colocar essa corda bem lá em cima, a sete metros de altura — não tem sentido estimular um mau desempenho. Chamamos isso de estratégia de planejamento para estabelecer metas. Com o objetivo claramente definido, agora temos de descobrir uma maneira de motivar a baleia. Para isso pegamos um balde cheio de peixes e o colocamos logo acima daquela corda. Não recompense a baleia a não ser que ela tenha um bom desempenho. Em seguida, temos de dar orientações. Debruçamo-nos sobre nossa plataforma confortável e seca e gritamos: "Pule, baleia!"

E a baleia não sai do lugar.

Então, como é que os treinadores do Sea World conseguem? Sua prioridade número um é reforçar o comportamento que querem que se repita — nesse caso, fazer com que a baleia ou o boto pule por cima da corda. Eles preparam o ambiente de todas as maneiras possíveis para ajudar a reforçar o princípio de que *a baleia não pode falhar*. Começam com a corda abaixo da superfície da água, numa posição onde a baleia não pode fazer outra coisa senão o que esperam que faça. Cada vez que ela passa por cima da corda, recebe um estímulo positivo. E ganha peixes, afagos, brincam com ela e, o que é mais importante, reforçam esse comportamento.

Mas o que acontece se a baleia passar por *baixo* da corda? Nada — nem choque elétrico, nem crítica construtiva, nem advertência no seu prontuário. As baleias aprendem que o comportamento negativo não é reconhecido.

O reforço positivo é a base desse princípio simples que produz resultados tão espetaculares. E à medida que a baleia vai passando por cima da corda com mais freqüência do que por baixo, os treinadores começam a suspender a corda. Ela precisa ser levantada bem devagar para que a baleia não morra de inanição, nem física nem emocionalmente.

A lição simples a ser aprendida com os treinadores de baleia é que deve-se *elogiar bastante*. Em primeiro lugar, faça um estardalhaço com as pequenas coisas que você quer que se tornem constantes. Em segundo lugar, *critique muito pouco*. As pessoas sabem quando dão uma mancada. O que elas precisam é de ajuda. Se criticarmos, punirmos e disciplinarmos menos do que o esperado, elas não se esquecerão do incidente e, em geral, não irão repeti-lo.

Na minha opinião, a maioria das empresas bem-sucedidas hoje em dia estão tendo uma média de acertos de mais de 95 %. No entanto, no que é que passamos a maior parte do tempo pensando? Isso mesmo — nos dois, três, quatro, talvez até mesmo cinco por cento das coisas que desejaríamos que não se repetissem e gostaríamos que não tivessem acontecido.

Precisamos criar as circunstâncias para que as pessoas não falhem. Elogie à beça, critique o menos possível... e saiba a que altura colocar a corda.

Charles A. Coonradt

Rica Além da Conta

O MAIOR BEM QUE VOCÊ PODE FAZER A OUTRA PESSOA NÃO É APENAS COMPARTILHAR AS SUAS RIQUEZAS, MAS DEIXAR QUE ELA VEJA SUAS PRÓPRIAS QUALIDADES.
— Benjamin Disraeli

Hoje eu me sinto rica além da conta. O que começou como uma nova idéia para a comemoração dos feriados de Natal no meu departamento se transformou numa experiência comovente e enriquecedora.

Eu estava cansada da maneira como sempre comemorávamos os feriados: "Retire os nomes e compre um presente divertido por menos de 15 dólares." Propus então que fizéssemos alguma coisa diferente.

— Que tal trocarmos presentes de agradecimento? — perguntei.

Todos concordaram; ficaram até mesmo entusiasmados. Alguns dias antes do Natal, seis de nós nos reunimos no meu escritório. Para começar, pedi que todos observassem algumas regras básicas. A pessoa a quem fôssemos demonstrar nossa gratidão poderia dizer apenas "obrigada". Também salientei que é natural que algumas pessoas se sintam constrangidas por dar e receber agradecimentos, mas que se alguém estivesse realmente incomodado, poderia pedir para fazer isso em particular. Silêncio e pausas foram considerados normais. Provavelmente, eram apenas a chance para a pessoa se inteirar da situação.

Assim que começamos, ocorreu-me que as tribos e as comunidades que transmitem suas culturas contando histórias são muito sábias. Invariavelmente, quem quer que estivesse falando contaria uma história que ilustrasse seu agradecimento.

Cada um de nós começou dizendo para os nossos colegas: "(nome), o presente que você me dá é..." Enquanto cada membro do grupo falava para a pessoa que estava recebendo sua gratidão, comecei a enxergar nos meus colegas facetas que eu não conhecia. Um colega agradeceu a outro por seu estado de graça que era aparente. Outro disse: "Fico descansado sabendo que é você quem está nesse cargo." Outros comentários foram: "Você me dá o presente da sua paciência", "Você me ouve", "Soube no momento em que o conheci que aqui era o meu lugar", e assim por diante. Era um privilégio estar ali presente.

O espírito e a comunhão que compartilhamos por aqueles sessenta minutos tornaram-se maiores do que nós mesmos. Quando terminamos, ninguém queria falar; não queríamos quebrar o encanto. As verdades simples e autênticas que havíamos compartilhado calaram fundo em nossos corações. Isso nos tornou mais humildes e nos enriqueceu.

Acredito que os presentes que trocamos naquele dia serão sempre preciosos para nós. Sei quão valioso o meu próprio agradecimento foi para mim. Não custou nada para cada um de nós; apenas a nossa disposição para enxergar os dons de outras pessoas e dizer isso em alto e bom som.

Christine Barnes

Guiando-se Pelo Coração

Ouça e me compreenda.
Mesmo que você discorde, por favor, não me interprete mal.
Reconheça a grandeza que existe dentro de mim.
Lembre-se de procurar ver minhas boas intenções.
Diga-me a verdade com compaixão.

Hyler Bracey, Jack Rosenblum, Aubrey Sanford e Roy Trueblood

O que o faz pensar que não confio em você, Phillips?

Reproduzido com a autorização de Harley Schwadron

Amigos Para Sempre...

CADA NOVO AMIGO QUE GANHAMOS NO DECORRER DA VIDA NOS APERFEIÇOA E ENRIQUECE, NÃO TANTO PELO QUE NOS DÁ, QUANTO PELO QUE DESCOBRE DE NÓS MESMOS.

— UNAMUNO

No início de 1970, fui promovido a supervisor de vendas e transferido para o Norte do país. Minha função era supervisionar e treinar os representantes de vendas nos seguintes Estados: Piauí, Maranhão, Pará, Amazonas, Rondônia e Acre. A sede era em Belém do Pará.

Minha primeira viagem foi a Manaus, para trabalhar com nosso representante. Para o primeiro dia de trabalho, já estava programada uma viagem de carro até a cidade de Itacoatiara, distante uns trezentos quilômetros de Manaus.

Acordei bem cedo e, mais ou menos às seis horas, o representante Jonas (nome fictício) passou no hotel e fomos juntos de carro para Itacoatiara. Depois de uma hora de viagem, já estávamos em plena Floresta Amazônica. A estrada era péssima, mas a beleza da floresta tropical era exuberante, árvores imensas, só deixando penetrar poucos raios de sol na floresta quente e úmida.

A viagem prosseguia. De repente, ouvimos berros vindo de dentro da mata fechada. Logo a seguir, diminuímos a velocidade para ver inúmeros macacos atravessar a estrada, pulando de árvore em árvore como trapezistas de circo. A estrada, cada vez pior; trechos quase intransitáveis. Quatro horas de viagem e a primeira balsa para atravessar o rio Urubu. Atravessamos. Logo depois, fizemos nossa primeira parada às margens de um igarapé de águas límpidas e claras. Que gostoso! Com aquele calor, a água tinha um sabor diferente. Em seguida, Jonas pegou a garrafa térmica (que havia trazido de sua casa) e colocou café em uma caneca de ágata. Puxa vida! Pela primeira vez eu tomava café sentado no tronco de uma árvore tombada, vendo um bando de tangarás voando em plena Floresta Amazônica.

Descansamos e prosseguimos viagem, apreciando árvores, araras, macacos, teias de aranha, ouvindo ruídos estranhos e com o carro andando no máximo a cinqüenta quilômetros por hora.

Logo depois de uma curva, deparamos com uma pele esticada numa armação de galhos rígidos e amarrada com cipó. Pedi ao Jonas para parar o carro, saltei e fui observar a pele para tentar saber de que bicho era. Eis que surge, vindo da mata por uma trilha, um caboclo descalço, vestindo uma calça bem surrada, com alguns remendos, camisa desbotada faltando alguns botões, chapéu puído, pele da cor de índio e olhar humilde mas desconfiado e alerta. Fui logo dando bom-dia. Ele respondeu:

— Dia!

Perguntei se aquela pele era de sua propriedade e de que bicho era.

— Dotô, esta pele é de paca. Está aí para trocar por sacos de farinha ou de arroz.

— Como você vai fazer essa troca? — perguntei.

— Seu dotô, é simples: coloco o couro da paca na estrada. Quando passa caminhão com carregamento de arroz ou farinha, o motorista pega o couro e deixa o saco de arroz ou farinha na estrada. Não é simples, seu dotô?

Respondi: — É bastante simples, meu amigo!

Pensei com meus botões: Puxa vida! Estamos em pleno fim do século XX e ainda existe o sistema de troca neste nosso Brasil.

Jonas só observava e ouvia o meu diálogo com o caboclo. Prossegui o papo.

— Amigo, qual é o seu nome?

— Manoel, seu dotô — respondeu.

— O sinhô e seu amigo me dão uma carona até Itacoatiara? Vou conversar com meu cumpadi, que mora pelas bandas de lá, e pedi pra ele umas "dôzi" pra caça — falou o humilde caboclo com voz suave mas firme.

— Tem algum problema em dar uma carona para o Manoel, Jonas?

Sentei-me no banco traseiro do fusquinha e o Manoel foi na frente com o Jonas.

Chegamos a Itacoatiara quase às duas da tarde. Manoel se despediu de nós e foi apressado à casa de seu compadre.

Já estávamos estacionados em frente à pensão em que íamos ficar até a manhã seguinte. Almoçamos e fomos direto à primeira e única farmácia que existia na cidade. Farmácia do interior tem tudo: peças para fusca, roupa, bebidas, facas, enxadas, armas diversas e até remédio. Enquanto Jonas conversava com o proprietário, eu observava o cotidiano de uma cidade no interior da selva.

Nisso, vejo entrando na farmácia o Manoel acompanhado de outro caboclo. Ao me ver, veio na minha direção e falou para o acompanhante:

— Cumpadi, este é o meu amigo que me deu carona!

— Muito prazer — falei.

— Boas tarde, seu dotô — respondeu o compadre.

Manoel prosseguiu: — Pois é, amigo dotô, o cumpadi não tem as "dôzi" (é o nome dado ao cartucho de 12 mm para espingarda de caça). Vou vortá pra casa de mão abanando. Vou tomá umas canas e pegá uma carona no caminhão de farinha que vai pra Manaus daqui a pouco.

— Manoel! — retruquei — , espere um momento.

Dirigi-me ao balcão daquela pseudofarmácia e perguntei ao senhor que conversava com Jonas:

— Senhor, tem cartucho de 12 mm?

— Tenho. Quanto o senhor quer? — perguntou o dono do negócio.

— Quero duas caixas.

Comprei as duas caixas. O senhor Horácio, proprietário da farmácia, deu um bom desconto. Fui até o Manoel, que ainda estava tomando sua cachaça em companhia do compadre, e falei:

— Manoel, isto é um presente meu. Segure, amigo!

Manoel não se conteve, me abraçou e falou:

— Amigo dotô, quando é que o sinhô e seu amigo vão vortá pra capitá?

— Amanhã pela manhã — respondi.

— Estarei esperando pelo sinhô na estrada! — falou o caboclo Manoel, bastante feliz.

No dia seguinte, ao passar pela estrada de volta para Manaus, lá estava Manoel em pé na beira da estrada esperando por nós. Não sei quanto tempo estava esperando. A tarde já estava caindo.

Assim que estacionamos o carro, Manoel foi logo falando:

— Minha patroa preparou uma paca assada e uma farofa feita com a gordura da dita. Só faltava os senhores!

Fechamos o carro e fomos com o Manoel, caminhando pela trilha, entrando selva adentro. A tarde estava amena. Embora fizesse calor, de vez em quando soprava uma brisa com cheiro de mato que parecia reger o canto de vários pássaros tropicais. Chegamos a uma cabana feita com quatro troncos de árvore, sem paredes e coberta com palmeiras de açaí.

Ao lado, numa tenda menor, havia um fogão de barro com uma grelha com vários pedaços de carne. O vapor e a fumaça que subiam do braseiro denunciavam os temperos típicos da cozinha amazonense: pimenta de cheiro e tucupi. Ao lado da grelha, uma panela de ferro com bastante farofa. Ao lado, uma senhora com vestido bem simples, um pano enrolado na cabeça e pés no chão, mexia na panela com uma colher de pau feita a mão. Logo à frente, um cachorro magro se coçava espalhando poeira pelo ar.

Manoel chamou a senhora e foi me apresentando no seu jeito de ser:

— Dotô, esta é minha muié Célia, mais conhecida como "Dona Encrenca".

D. Célia, sem olhar para mim, esticou a mão e me cumprimentou. Jonas, espantado e desconfiado, me confidenciou, falando baixinho:

— Chefe, sou filho de Manaus e nunca tive oportunidade de entrar no interior da selva para conversar com o pessoal. Como são hospitaleiros!

— É, Jonas, este Brasil é maravilhoso. Vivendo e aprendendo...! — falei ao seu ouvido.

Manoel se aproximou de nós, trazendo pratos de alumínio e canecas de ágata com algumas lascas, mas limpas. Talheres não existiam.

Pegamos a caneca e Manoel colocou um pouco de cachaça de uma garrafa sem rótulo, para mim e Jonas. Eu falei:

— Jonas, beba pouco; você é que vai dirigir.

Manoel deu um sorriso de garoto sapeca e retrucou:

— Dotô, o anjo da guarda protege os que bebe com os amigos.

Fomos comer a paca com farofa, usando as mãos. O casal era só alegria. Manoel não sabia o que fazer mais para agradar. Ficamos algumas horas saboreando aquela paca, contando casos, rindo, todos irradiando felicidade.

A verdade é que foi a melhor paca com farofa que já comi até hoje. Esse jantar representou um elo de amizade sem interesses, sem discriminações, sem preconceitos. Aquele casal representava o que há de mais puro nos seres humanos.

Já se passaram 28 anos. Nunca mais vi o meu amigo Manoel. Fui transferido para diversos lugares e, durante algum tempo, quando, em grandes reuniões no Brasil, eu me encontrava com o representante Jonas, ele dizia que se encontrou algumas vezes com o Manoel e que ele perguntava por mim.

Mudei de empresa e nunca mais tive notícias do caboclo Manoel. Na penúltima Olimpíada, em Barcelona, lembrei-me do Manoel ao ouvir a canção "Amigos para Sempre".

J. P. Ribeiro
[Autor nacional]

Uma Jovem Chamada Lill

*P*ALAVRAS GENTIS PODEM SER CURTAS E FÁCEIS DE SEREM DITAS, MAS O ECO QUE ELAS PRODUZEM É VERDADEIRAMENTE INFINITO.
— MADRE TERESA

Lillian era uma jovem franco-canadense que cresceu em uma comunidade agrícola de River Canard, Ontário. Quando tinha 16 anos, seu pai achou que ela já havia estudado o bastante e forçou-a a deixar a escola e contribuir com a renda da família. Em 1922, com o inglês como segunda língua e uma educação e qualificação restritas, o futuro não parecia brilhante para Lill.

Seu pai, Eugene Bezaire, era um homem severo que raramente admitia um não como resposta e nunca aceitava desculpas. Exigiu que Lill encontrasse um emprego. Mas as limitações da jovem a deixavam com muito pouca confiança e auto-estima, e ela não sabia que tipo de trabalho poderia fazer.

Com poucas esperanças de achar um emprego, ela ia todos os dias de ônibus para as "grandes cidades" de Windsor ou Detroit. Mas não conseguia reunir coragem para responder a nenhum anúncio de emprego; não conseguia nem mesmo bater em alguma porta. Todos os dias ia para a cidade, andava a esmo e no final da tarde voltava para casa. O pai sempre perguntava:

— Teve sorte hoje, Lill?

— Não... não tive sorte hoje, papai — respondia resignada.

Os dias passavam e ela continuava a ir até a cidade e o pai continuava a perguntar se tinha encontrado um emprego. As perguntas tornaram-se mais exigentes e Lill sabia que logo teria que bater em alguma porta.

Em uma de suas idas viu uma placa na companhia Carhartt Overall, no centro da cidade. "PRECISA-SE DE SECRETÁRIA", dizia a placa, "INFORMAÇÕES AQUI".

Subiu o longo lance de escadas até os escritórios da empresa e bateu de leve logo na primeira porta. Foi atendida pela gerente do escritório, Margaret Costello. Com seu inglês capenga, Lill disse que estava interessada no cargo de secretária, mentindo que tinha 19 anos. Margaret sabia que alguma coisa não estava certa, mas decidiu dar uma chance à garota.

Conduziu-a através do velho escritório da companhia Carhartt, com fileiras e mais fileiras de pessoas sentadas em frente a fileiras e mais fileiras de máquinas de escrever e de somar. Lill sentia como se uma centena de olhos a estivessem encarando. Com a cabeça inclinada sobre o peito e os olhos voltados para baixo, a relutante garota de fazenda seguiu a gerente até a parte de trás da sala sombria. Margaret pediu que ela se sentasse em frente a uma máquina de escrever e disse:

— Lill, vamos ver se você é realmente boa.

Disse para ela datilografar uma carta simples e saiu. Lill olhou para o relógio e viu que eram 11h40. Todos sairiam para almoçar ao meio-dia. Ela calculou que poderia sair de mansinho no meio da multidão. Mas sabia que deveria pelo menos tentar escrever a carta.

Na primeira tentativa, datilografou uma linha. Tinha cinco palavras e havia cometido quatro erros. Puxou o papel e jogou fora. O relógio agora mostrava 11h45. "Ao meio-dia", pensou consigo mesma, "vou sair junto com a multidão e eles não me verão novamente."

Na segunda tentativa bateu todo um parágrafo, mas ainda havia cometido muitos erros. Puxou o papel novamente, jogou fora e começou outra vez. Dessa vez acabou a carta, mas o trabalho ainda estava coalhado de erros. Olhou para o relógio: 11h55 — cinco minutos para a liberdade.

Nesse momento a porta se abriu e Margaret entrou. Foi direto até Lill, colocando uma das mãos sobre a escrivaninha e a outra no ombro da garota. Leu a carta e esperou um momento. Então disse:

— Lill, você está fazendo um bom trabalho.

Ela ficou pasmada. Olhou para a carta, depois para Margaret. Com essas palavras simples de incentivo, seu desejo de escapar desapareceu e sua confiança começou a crescer. Pensou: "Se ela pensa que está bom, então deve estar bom. Acho que vou ficar!"

Lill realmente ficou na Companhia Carhartt Overall... por 51 anos. Passou por duas guerras mundiais e uma depressão, onze presidentes e seis primeiros-ministros — tudo porque alguém teve o intuito de dar a uma garota tímida o presente da auto-estima quando ela bateu à porta.

Dedicado a Lillian Kennedy por James M. Kennedy (filho)
e James C. Kennedy (neto)

"Seu Trabalho é Reconhecido!"

H AVERÁ ALGUMAS MOEDAS NO CÉU PARA VOCÊ E PARA MIM.
— JOHN BURKE

    Tudo começou em Everett, Washington, onde minha equipe de projeto estava implementando um de nossos sistemas de trabalho. Numa manhã, enquanto caminhava pelo estacionamento com um de meus funcionários, achei uma moeda de um centavo. De brincadeira, dei a moeda a ele e disse:

— Isto é uma modesta recompensa pelos seus esforços.

Ele colocou a moeda no bolso e disse:

— Obrigado.

Cerca de seis meses depois, eu caminhava com o mesmo funcionário, dessa vez em Los Alamitos, na Califórnia, quando novamente achei uma moeda de um centavo e dei para ele.

Mais tarde, tive a oportunidade de ir até seu escritório e lá, em um pedaço de papel preso com fita adesiva estavam as duas moedas de um centavo. Ele disse que as estava expondo como seu reconhecimento por um trabalho bem-feito.

Outros funcionários repararam nas moedas orgulhosamente expostas e começaram a perguntar por que não haviam recebido uma. Comecei, então, a distribuir moedas de um centavo, explicando que eram um reconhecimento, não um prêmio. Logo, tantas pessoas queriam as moedas que desenhei um porta-moedas. Na frente tem um lugar para uma moeda e ao lado a frase: "Seu trabalho é reconhecido!"

Atrás existem fendas para mais trinta moedas e outra frase: "Suas conquistas são importantes!"

Certa vez vi uma funcionária fazendo uma coisa boa e queria agradecer-lhe, mas não tinha uma moeda de um centavo, portanto, dei-lhe uma de vinte e cinco. Mais tarde, nesse mesmo dia, ela foi até a minha sala e devolveu 24 centavos.

Foi assim que a prestigiada "Recompensa de Um Centavo" nasceu, tornando-se uma fonte significativa de reconhecimento na nossa organização.

Gary Hruska

Duas Bananas Maduras

*D*EMORE-SE APRECIANDO AS MARAVILHAS DA NATUREZA.
— GARY W. FENCHUK

Pat Beck é uma artista que trabalha com barro. Mais precisamente adobe — uma mistura de barro e palha, com a qual esculpe figuras de uma elegância primordial. Assim como muitos artistas, ela vive com uma mão na frente e outra atrás, complementando de vez em quando sua renda com outro tipo de trabalho.

Em 1994, ela e uma amiga, Holly, foram contratadas para ajudar num projeto de arte comunitária na pequena cidade de Magdalena, no Novo México. Magdalena é uma comunidade nas montanhas Gallinas, na extremidade do grande planalto de Santo Agostinho. Antigo centro ferroviário e de mineração, sua população havia minguado para cerca de mil habitantes.

Pat e Holly ganharam um pedaço de terra perto do que sobrou dos currais, um vestígio dos melhores dias de Magdalena como um centro pecuário, para começar o projeto. Com a ajuda da comunidade, Holly fez duas grandes vacas e um vaqueiro. Essas peças foram produzidas apenas com objetos encontrados, como velhos pedaços de vagões, fardos de arame usado doados pelos fazendeiros locais e até mesmo um cano de espingarda enferrujado, desenterrado do quintal de alguém. Pat ensinou os alunos do colegial a fazer tijolos de adobe e, com eles, ela e a comunidade construíram uma parede de adobe. As crianças da escola primária foram convidadas a fazer figuras de barro, que foram utilizadas como relevo decorativo.

Quando a parede começou a tomar forma, muitos adultos e crianças iam lá para acompanhar seu progresso e então eram convidados a deixar as marcas das mãos e suas iniciais nela. Como toque final, terra colorida foi levada da reserva Navajo, uma parte considerável da história da região, e acrescentada à parede. Ao todo, mais de trezentas pessoas contribuíram para o projeto.

Uma das pessoas que visitavam Pat diariamente era um mineiro aposentado, Gene. Quase todos os dias ele levava alguma coisa para ajudá-la a compreender os dias gloriosos da mineração — uma foto, amostras de minério da mina, um velho artigo de jornal.

Um dia, quando a parede estava quase terminada, Gene chegou para sua visita costumeira. Em um momento de inspiração, Pat esculpiu o rosto de um mineiro na parede. Gene havia lhe dado um pedaço de metal reluzente e Pat fez dele a lâmpada do capacete do mineiro. Quando terminou, escreveu o nome de Gene sob a figura. Ambos deram um passo para trás e admiraram sua criação. Então, sem uma palavra, Gene se virou e saiu. Pat não tinha certeza se de alguma maneira ele tinha ficado ofendido, mas dez minutos depois ele voltou trazendo duas bananas maduras. Ainda sem dizer uma palavra, ele as colocou sobre o muro onde ela estava trabalhando e foi embora.

Pat recebeu e continuará recebendo muitos tributos pelo seu trabalho, mas duvido que haverá algum tão significativo quanto aquelas duas bananas maduras.

Maida Rogerson

O Álbum de Recortes

A VIDA DEVE SER FORTALECIDA COM MUITAS AMIZADES. AMAR E SER AMADO É A MAIOR DAS ALEGRIAS.
— SYDNEY SMITH

Ensinar inglês no Japão tem sido incrivelmente gratificante. Cheguei aqui ansiando por aventura, viagens e um pouco de descanso. Milagrosamente, realizei tudo isso e muito mais. Viajei por toda a ilha de Honshu, preenchi as páginas de cinco jornais, li mais de sessenta livros, escrevi quatro contos e fiz amizades com professores e estudiosos de todo o mundo. Pude receber e tive a oportunidade de dar.

Mas meus alunos estão no meu coração — executivos que estão sendo transferidos para a América, donas de casa que querem expandir seus horizontes, alunos do colegial cujo desejo mais ardente é freqüentar uma universidade nos Estados Unidos.

No decorrer do ano em que lecionei, sempre me perguntei quem era de fato o aluno e quem era o professor. Os estudantes cuidaram de mim e me confortaram, ajudando-me a entender melhor a cultura japonesa. Aplaudiram quando lutei com minhas primeiras letras *hiraganas*. Acompanharam-me de mercearia em mercearia, onde procurei durante três meses até encontrar manteiga de amendoim. Mostraram-me como fazer um cisne de *origami* e levaram-me para passear de barco. Convidaram-me para cerimônias tradicionais de chá e no *omisoka*, o ano-novo japonês, levaram-me para suas casas e prepararam refeições em minha homenagem. Levaram-me também ao templo e me ensinaram a tirar a sorte; então, rapidamente, me cercaram gritando: "Você ter muita sorte! Você grande sortuda!"

As últimas semanas, enquanto me preparava para voltar para casa, o tempo foi curto para as festas de despedida e para os presentes. Os alunos me encheram de lembranças: bolsas de seda feitas à mão, caixas de jóias, lenços estampados, brincos de jade e pratos de porcelana com bordas douradas. Cantamos nos *karaokês* até ficar roucos, nos abraçamos, demos as mãos e nos despedimos inúmeras vezes. E durante todo esse tempo consegui controlar minhas emoções. Em vez de chorar, deixei que *eles* derramassem lágrimas e os confortei, prometendo escrever.

Esta noite é a minha última aula e vou fechá-la com chave de ouro com minha turma favorita. São estudantes de um nível avançado e durante o ano nos envolvemos em discussões políticas, aprendemos gírias, representamos e fizemos uma coisa que dificilmente se faz entre culturas diferentes — rimos das piadas que fazemos uns sobre os outros.

Enquanto estou me preparando para esta última aula, Mika, a administradora da escola, me chama até o saguão. Entro na sala e vejo os funcionários e vários estudantes de pé, esfregando as mãos, ansiosos. Todos os olhos se voltam para mim. Mika tem um último presente para me dar.

Desembrulho o pacote com cuidado, pois a apresentação é tão importante quanto o próprio presente. O papel desliza, devagar, e posso ver que ela me deu um álbum de recortes. Disse que o havia preparado na noite anterior depois de semanas de trabalho com os alunos. Vejo a vermelhidão nos seus olhos e abro o álbum.

As páginas estão repletas de fotos instantâneas dos alunos. Além das fotos, há notas pessoais escritas por eles em pequenos quadrados coloridos de papel. Eles decoraram os papéis com corações, sorrisos, carinhas de gato e linhas coloridas com néon, estrelas, pontos e triângulos.

Conheço a dificuldade que eles têm para formar até mesmo frases simples e, enquanto leio, a barreira de emoções que eu havia segurado começa a desmoronar.

Obrigado por seu ensino carinhosu.
Tive aula interessante. Agora talvez um dia eu vou para a América.
Sou lembrada de você.
Tenho gostado de estudar inglês.
Obrigado por tudo que você me fez. Eu muito triste que você vai para a América.
Por favor não esqueça das lembranças no Japão.

As lágrimas começam a cair. Procuro pelas palavras que fluíram com tanta facilidade durante o ano. Minhas mãos tocam as páginas de leve e as pontas dos meus dedos contornam seus rostos. Fecho o álbum e o envolvo em meus braços, segurando-o bem junto do coração.

O álbum de recortes reuniu todos eles para sempre. Posso estar indo embora, mas estou levando todos comigo de volta para os Estados Unidos.

Gina Maria Jerome

Um Treinador com Alma

O TAMANHO DO SEU CORPO NÃO É MUITO IMPORTANTE; O TAMANHO DO SEU CÉREBRO É MUITO IMPORTANTE; O TAMANHO DO SEU CORAÇÃO É O MAIS IMPORTANTE DE TODOS.
— B. C. FORBES

No final da década de 1940, em Cincinnati, Ohio, havia um garotinho que queria jogar no time de futebol americano "dente-de-leite" da escola primária da sua paróquia. O peso mínimo requerido para os futuros esportistas era 32 quilos. Ele se esforçou para atingir o peso necessário. O treinador sabia o quanto ele queria fazer parte do time, portanto encorajou-o a engordar, comendo muitas bananas e bebendo bastante malte. O garoto logo fez o ponteiro da balança subir para 31,5 quilos e teve uma chance de integrar a equipe.

Durante a temporada, o treinador colocou-o no banco de reservas, para o seu próprio bem. O peso máximo para a liga era de 55 quilos e ele não queria que o garoto se machucasse. No entanto, na partida final da temporada, o time estava com algumas baixas e o treinador teve de escalá-lo para evitar a derrota. Colocou-o na defesa, uma posição mais segura, calculando que ficaria de fora das jogadas mais duras. Mas você acredita que no último lance do jogo, o zagueiro do outro time atravessou a primeira linha, safou-se da última linha da defesa e correu na direção do garoto?

Quando ele espiou através do capacete, que era grande demais e ficava caindo sobre os olhos, viu o jogador se aproximando. Abaixou-se, tentando ficar preparado para agarrar o brutamontes. Quando o jogador se aproximou, tudo o que pôde dizer para si mesmo foi: este cara tem as pernas cabeludas! Ali estava ele, 32 quilos, tentando agarrar aquele grandalhão cabeludo. Na hora H, atirou-se nas pernas do zagueiro, agarrou uma delas e resistiu firme enquanto era arrastado para o chão. Tudo o que podia ver era a sujeira do gramado, pois o capacete bateu no chão e voou para longe.

Completamente mortificado pela experiência, o menino lutou para conter as lágrimas e o sentimento de que havia decepcionado o time. Porém, para sua surpresa, o treinador e todo o time correram para o gramado a fim de cumprimentá-lo! O treinador o elogiou por não ter desistido e não ter permitido que o grandalhão o assustasse. Os companheiros o carregaram nos ombros e o elegeram "o jogador mais corajoso do time".

O nome do treinador é Dan Finley e o garotinho era eu.

Na sua juventude, Dan, agora na casa dos quarenta, tinha sido um atleta extraordinário com uma grande chance de jogar na liga principal de beisebol. No entanto, foi acometido de pólio e só era capaz de andar com a ajuda de aparelho e uma bengala. Decidiu então canalizar sua energia no treinamento de crianças. A alegria de jogar havia sido tirada dele prematuramente e ele queria ajudá-las a tirar o maior proveito de seus dias no campo de jogo. Ele ainda faz isso.

Darrell J. Burnett

4
Novos Padrões de Atendimento

O TRABALHO REALIZADO COM O VERDADEIRO
ESPÍRITO DE SERVIR... É CONSIDERADO ADORAÇÃO.

— BAHA ALLAH
FUNDADOR DA CRENÇA BAHA'Í

O Serviço Bancário na Sua Melhor Forma

As GRANDES OPORTUNIDADES DE AJUDAR OUTRAS PESSOAS RARAMENTE APARECEM, MAS AS PEQUENAS NOS CERCAM TODOS OS DIAS.
— Sally Koch

Quando meu filho era um jovem adolescente, ele e um amigo foram de ônibus até a cidade para comprar *skates*. Cada um deles tinha vinte dólares. Quando chegaram ao centro da cidade, descobriram que precisavam de mais dinheiro para cobrir as passagens de ônibus e o imposto sobre mercadorias. Estavam faltando US$ 3,75 para eles.

Havia uma agência do banco em que tínhamos conta nas proximidades e eles decidiram ir até lá para pedir um empréstimo. O caixa disse que não seria possível, mas que poderiam conseguir algum dinheiro adiantado por meio do cartão de crédito dos pais. Telefonaram para casa, mas ninguém atendeu. Falaram com o caixa novamente para ver se alguma outra coisa poderia ser feita. Ele então os encaminhou à mesa do vice-presidente. Quando o homem perguntou por que o banco deveria dar um empréstimo a eles, responderam:

— Porque somos escoteiros, bons alunos e dignos de confiança.

O vice-presidente disse que, como eles não tinham garantias, teriam de preencher e assinar um vale. Os garotos concordaram e, em troca, ele lhes deu o dinheiro necessário para completar sua missão.

Descobrimos mais tarde que esse homem maravilhoso emprestou seu próprio dinheiro para os garotos (meu marido telefonou para ele no dia seguinte, pedindo um empréstimo familiar nas mesmas bases!).

Conversando com ele, soubemos que tinha feito vários empréstimos desse tipo, inclusive para a mulher de um marinheiro cuja pensão estava atrasada. Ele disse que havia sido reembolsado quase em 100% das vezes e que a oportunidade de ajudar outras pessoas dessa maneira era um dos lados mais gratificantes do seu trabalho.

Meu filho e seu amigo tomaram o ônibus na manhã seguinte. Eles pagaram o empréstimo e receberam o vale de volta, assinado pelo vice-presidente. Era o serviço bancário na sua melhor forma.

Sharon Borjesson

Uma Comissária de Bordo Apaixonada

*F*AÇA O QUE VOCÊ AMA, E AME O QUE VOCÊ FAZ E VOCÊ NUNCA MAIS
VAI TRABALHAR NA SUA VIDA.
— FONTE DESCONHECIDA

— Bom dia, senhoras e senhores. Bem-vindos a bordo do vôo 548 da United Airlines, direto de Palm Springs para Chicago.

Espere um minuto! Minha mente dispara. Sei que é bem cedo; seis e cinqüenta da manhã para ser exato, mas eu estava certo de que esse vôo iria para Denver.

— Agora que tenho a sua atenção — a voz continua —, meu nome é Annamarie e serei a primeira comissária de bordo hoje. Na realidade, estaremos a caminho de Denver; portanto, se vocês não estavam planejando ir para lá, agora é uma boa hora para descer do avião.

Respiro aliviado enquanto Annamarie continua:

— Segurança é importante para nós; portanto, por favor, peguem o folheto de segurança na sua frente e familiarizem-se com ele. Vamos lá, todos peguem os folhetos e agitem-nos no ar!

Setenta por cento dos passageiros riem e fazem o que ela pede, vinte por cento não estão acordados ainda e os outros dez por cento são aqueles mal-humorados de plantão.

— No caso de aterrissarmos na água por engano, vocês têm que tomar uma decisão. Podem rezar e nadar feito loucos, ou usar o assento da poltrona como um dispositivo flutuante.

Cerca de metade daqueles vinte por cento começa a sair do seu torpor.

— Serviremos o café da manhã durante o vôo. No cardápio temos ovos mexidos e crepe de frutas — não está lá estas coisas mas parece bom pra mim. Porém, os comissários de bordo vão lhes dar a opção de escolher uma omelete ou um cereal frio.

Naquele momento até os rabugentos se aventuraram a sorrir. Obrigado por um vôo delicioso, Annamarie. E obrigado, meu Deus, por comissárias de bordo que são apaixonadas pelo seu trabalho!

Glenn Van Ekeren

A Massagem é a Mensagem

A ÚNICA MANEIRA DE VOCÊ REALMENTE SE DIFERENCIAR DA CONCOR-
RÊNCIA É POR MEIO DO SEU ATENDIMENTO.
— JONATHAN TISCH

Gosto de cozinhar. Gosto de cozinhar especialmente quando não há nada em jogo: nem convidados para entreter, nem parentes para jantar. Então coloco um pouquinho disto e um pouquinho daquilo na panela e, se não der certo, é só um refrigerante e ovos quentes sobre torradas pra dois e pronto.

Mas era dia de Ação de Graças — dia de Ação de Graças em uma nova região, uma nova cidade e com novos amigos. Era importante — tão importante que eu havia preparado uma grande parte do jantar com antecedência. No dia de Ação de Graças, eu estava me sentindo um pouco convencida. As tortas estavam prontas, o peru recheado, as batatas-doces cozidas e a casa estava brilhando. Então, no começo da tarde, recebi um telefonema me lembrando de que dois dos meus convidados eram vegetarianos. Estou certa de que eles poderiam sobreviver com os vegetais e as saladas que eu havia preparado, mas estava me sentindo tão tranqüila que decidi que, enquanto o peru assava, eu daria um pulinho até o Alfafa, um dos mercados vegetarianos locais, para escolher uma entrada.

Moramos no campo e num dia movimentado passa um carro por hora em frente à nossa casa, portanto, eu não estava preparada para a quantidade de pessoas na cidade que também tinha compras de última hora para fazer. O trânsito estava um caos e os motoristas xingavam. Eu estava começando a me atrasar e não havia conseguido nem entrar no estacionamento da loja! Mas no momento em que entrei tudo mudou.

O gerente da loja estava no estacionamento organizando o trânsito e mostrando às pessoas onde havia vagas. Estacionei e corri para dentro da loja. Lá dentro os funcionários estavam em toda parte, distribuindo amostras de alimentos para degustação, dando sugestões e ajudando as pessoas a acharem o que procuravam. Peguei rapidamente o que precisava, mas mesmo com todas as caixas abertas, as filas estavam enormes. Eu podia sentir meus dentes cerrados só de pensar nos convidados chegando para comer um peru queimado e sem ter ninguém para recebê-los.

O senhor à minha frente também estava sentindo um pouco de pânico, ou pelo menos foi o que pensei, pois uma mulher atraente estava massageando-lhe o pescoço e os ombros. "Que cara de sorte", pensei. Nesse momento, a mulher se virou e disse:

— Gostaria de uma massagem no pescoço e nos ombros enquanto está aguardando na fila?

Ah, se gostaria! Enquanto ela me massageava, comecei a respirar aliviada e pensei: "Isto não é ótimo? Uma massagista fazendo seu trabalho onde ele é mais necessário." Quando ela terminou, perguntei-lhe quanto devia.

— Não, não — disse —, as massagens são cortesia da casa.

Agora eu pergunto: foi ou não foi um atendimento inspirado? O resto do dia foi sopa. E o jantar, em uma escala de um a dez? Mais ou menos 14.

Maida Rogerson

Fora do Cardápio

P<small>ARA QUE VIVEMOS, SE NÃO PARA TORNAR O MUNDO MAIS FÁCIL UNS PARA OS OUTROS?</small>
— G<small>EORGE</small> E<small>LIOT</small>

Viajo muito a trabalho, e uma das coisas de que não gosto neste serviço é de comer sozinha. Ver os outros rindo e conversando sempre me faz sentir solitária e, às vezes, tenho a sensação incômoda de que parece que estou esperando para ser "escolhida" por alguém. Portanto, para evitar esse mal-estar, normalmente peço o serviço de quarto durante várias noites. Porém, mais cedo ou mais tarde, sinto necessidade de sair do quarto. Minha estratégia é descer até o restaurante do hotel na hora em que ele abre, pois não está muito cheio e não me sinto tão constrangida.

Depois de comer no quarto por três noites seguidas no hotel Wyndham, em Houston, eu precisava sair. Apesar de o restaurante abrir às 18h30, cheguei às 18h25. O *maître* me encontrou à porta e fez um comentário sobre eu "ter chegado realmente cedo". Expliquei que não gostava de comer sozinha em restaurantes. Ele então me acompanhou e me colocou em uma mesa adorável.

— Sabe — ele disse —, está tudo pronto e as pessoas só começam a chegar ao nosso restaurante depois das sete horas. Importa-se se eu me sentar um pouco com você?

Fiquei encantada! Ele se sentou e me falou sobre seus planos no trabalho, seus passatempos, os desafios de conciliar a carreira no restaurante com a família e as dificuldades de trabalhar à noite, nos fins de semana e nos feriados. Mostrou-me fotos dos filhos e da mulher — até mesmo do cachorro! Depois de 15 minutos, viu alguns clientes na entrada e pediu licença. Notei com os cantos dos olhos que antes de ir até a entrada do restaurante, ele parou na cozinha por um instante.

Enquanto meu novo amigo instalava o grupo que havia chegado, um dos garçons saiu da cozinha e foi até a minha mesa.

— Minha ala é lá no fundo esta noite, e estou certo de que ninguém se sentará lá por enquanto — disse. — Não estou muito ocupado. Importa-se se eu me sentar um pouco com você?

Batemos um bom papo, até que alguém se sentou na sua ala e ele precisou se retirar.

Logo depois, apareceu um jovem ajudante de garçom. Ele também perguntou se podia se sentar comigo por alguns minutos. Falava inglês muito mal, mas eu havia ensinado inglês para estrangeiros, portanto nos divertimos bastante conversando sobre suas experiências ao vir para os Estados Unidos. Ele me contou todas as expressões que haviam lhe ensinado na cozinha logo que chegou (você pode imaginar!). Quando o movimento do restaurante aumentou, finalmente ele pediu licença para ir cuidar de seu serviço. Porém, antes que eu fosse embora essa noite, até mesmo o cozinheiro havia saído da cozinha e se sentado comigo!

Quando pedi minha conta (cerca de uma hora e meia depois), houve uma pausa quase imperceptível no restaurante. Todas as pessoas que haviam se sentado comigo vieram em grupo até a minha mesa. Ofereceram-me uma rosa e disseram.

— Esta foi a melhor noite que já tivemos no restaurante.

E eu chorei! O que começara como uma noite solitária terminou como uma linda experiência — tanto para os funcionários quanto para a cliente.

Barbara Glanz

Trecho extraído de seu livro, *Care packages for the workplace: dozens of little things you can do to regenerate spirit at work.* McGraw Hill, © 1996.

"Vamos Começar de Novo"

*F*AÇA BEM, FAÇA DA MANEIRA CORRETA E COM ESTILO.
— FRED ASTAIRE

Algum tempo atrás, passei por uma experiência que descrevo como "Atendimento de Alta Classe ao Cliente". Aconteceu num sábado, num dia frio de inverno, em Toronto.

O fim de semana começou, como em muitas famílias de pais separados, com meus filhos indo visitar a mãe. Kate, minha atual esposa, e eu tivemos um fim de semana sozinhos. Sábado foi um exercício de descanso e tranqüilidade. Levantamo-nos tarde e tudo nesse dia foi feito agradavelmente três ou quatro horas depois do habitual.

Depois de passear pelas lojas e galerias, chegamos a um conceituado hotel quatro estrelas, por volta de quatro horas da tarde, prontos para um almoço tardio. Os funcionários do restaurante eram muito atenciosos. Kate pediu qualquer coisa passada na manteiga e, quando o prato chegou, começou a verdadeira aventura.

Em cima do prato de Kate havia a pontinha de uma luva de borracha. Chamei a garçonete.

— O que é isto? — Kate perguntou, devidamente indignada.

— Não estou certa — respondeu a garçonete enquanto levava rapidamente o prato para a cozinha.

Em menos de um minuto a garçonete voltou acompanhada do *maître*. — Senhora, cometemos um erro terrível e pedimos sinceras desculpas.

Até aí tudo bem.

— Vamos começar de novo — continuou o *maître*. — Retire tudo da mesa — instruiu à garçonete.

A garçonete começou a retirar tudo — o vinho, os talheres, minha comida, a toalha de mesa — tudo!

— Vamos apagar as lembranças — ele disse.

A mesa foi posta novamente, o cardápio apresentado e novos pedidos de comida e bebida foram feitos. Estávamos, mais uma vez, esperando um almoço fantástico.

O *maître* retirou a impressão de um serviço ruim e providenciou outro excelente. Não negou a experiência anterior, mas a substituiu por uma melhor e mais rica. A comida estava boa; o atendimento, de alto nível. Foi um espetáculo. E a refeição foi por conta da casa.

Richard Porter

"Ah, Bambini!"

A BONDADE É O EMBLEMA DE UM CORAÇÃO AFETUOSO.
— Anônimo

Meu marido e eu viajávamos pela Itália com duas crianças de colo e uma jovem, que fazia as vezes de babá. Iríamos nos revezar nos passeios aos pontos turísticos para que todos tivessem oportunidade de visitar os indispensáveis museus e igrejas. No entanto, nesse dia levamos as crianças conosco, pois tínhamos apenas um dia para ir à cidade de Assis e todos queríamos ardentemente conhecê-la. A manhã estava esplêndida — sentindo-nos como romeiros felizes, lemos histórias de São Francisco de Assis uns para os outros no carro, enquanto as crianças balbuciavam e riam, ao mesmo tempo em que subíamos pelas ruas sinuosas.

Porém, no final de um dia bastante quente, subindo e descendo montanhas sob um sol italiano de 33 graus, os bebês choravam sem parar. Um deles vomitava e o outro estava com diarréia. Estávamos todos irritados e exaustos e ainda tínhamos uma viagem de três horas pela frente até Florença, onde estávamos hospedados. Em algum lugar na planície de Perúgia paramos numa pequena *trattoria* para jantar.

Constrangidos por causa de nossa aparência suja e de nossos bebês barulhentos e cheirando mal, tentamos entrar discretamente no restaurante, esperando que pudéssemos fazer com que as crianças ficassem quietas tempo suficiente para fazermos os pedidos, antes que nos atirassem para fora. O proprietário nos olhou e resmungou:

— Esperem aqui — e voltou para a cozinha. Pensamos em ir embora, mas antes que tivéssemos tempo de decidir o que fazer ele reapareceu com a mulher e uma filha adolescente. Sorrindo enquanto cruzavam a sala, as duas mulheres estenderam os braços e gritaram: — "Ah, bambini!" — e pegaram as crianças dos nossos braços, fazendo sinal para que nos sentássemos a uma mesa tranqüila no canto.

Durante todo o jantar, longo e hospitaleiro, elas andaram com os bebês de um lado para o outro na parte de trás do restaurante, brincando, rindo e cantando uma música italiana suave para eles dormirem. O proprietário chegou a insistir para que ficássemos para mais um copo de vinho depois que adormeceram!

Qualquer pai e qualquer mãe que tenham chegado ao fim da linha com um bebê iria concordar que Deus realmente nos enviou anjos naquele dia.

Os editores do Conari Press

Muito Mais do que um Simples Atendente

Assuma a responsabilidade por um padrão de atendimento superior ao que as pessoas esperam de você.
— Henry Ward Beecher

Em 1987, eu estava me preparando para fazer uma palestra em um congresso para gerentes de departamento de frutos do mar de supermercados. Na falta de boas histórias para contar sobre o assunto, decidi ir até o supermercado local como um "cliente misterioso" e ver se poderia "criar" uma situação que resultasse numa história pitoresca.

Quando me aproximei do balcão refrigerado da seção de peixes, ouvi uma voz dizer:

— Em que posso ajudar?

Pensei: *Ele não sabe que está na hora do show.* Então, respondi:

— Bem, sou uma pessoa bastante preocupada com a qualidade dos alimentos. Sei que certos tipos de frutos do mar têm um alto teor de colesterol, enquanto outros têm baixo teor. Poderia me dizer quais são?

O especialista em frutos do mar disse:

— O senhor sabia que existem dois tipos de colesterol? — ele começou a dar explicações médicas claras e úteis sobre a diferença entre as lipoproteínas de alta densidade e as lipoproteínas de baixa densidade. Eu estava certo de estar testemunhando a reencarnação do dr. Marcus Welby*.

---

* O dr. Marcus Welby é o personagem de um seriado americano dos anos 70 que estava sempre pronto a se envolver com os problemas dos pacientes. (N.T.)

Apesar de admirado com as respostas, continuei a aplicar meu teste de conhecimento sobre produtos.

— Preciso variar a preparação dos pratos. Aqui estou eu, morando em Seattle, onde temos excelentes frutos do mar, mas não conheço muitas receitas. Por favor, compreenda, sou muito ocupado, preciso achar alguma coisa fácil de preparar.

Ele contornou o balcão rapidamente e fez sinal com a mão para que o seguisse. Andamos pelos corredores do supermercado até chegar à seção de condimentos. Ele pegou uma caixa na prateleira de cima e segurou-a dizendo:

— Este tempero japonês é excelente. Muito versátil, combina com qualquer tipo de peixe. É um bom começo.

Quando voltamos à outra seção, ele parou bem em frente ao balcão, olhou bem nos meus olhos e disse:

— Deixe-me ver se entendi o que o senhor precisa. O senhor está dizendo que quer peixes saudáveis e algumas receitas que não levem muito tempo para preparar?

— Sim — eu disse —, exatamente.

— Tenho um livro para o senhor — ele pegou um livro e colocou-o a poucos palmos dos meus olhos. O título dizia: *Receitas de frutos do mar saudáveis e fáceis de preparar para o noroeste do Pacífico*.

Quando folheei as páginas, as receitas me pareceram deliciosas. Esquecendo o propósito dessa minha misteriosa incursão ao supermercado, não pude deixar de fazer algumas compras. Salmão... linguado... atum... vieiras! Eu estava embalado.

Ao empurrar o carrinho de compras até o caixa, me dei conta da ironia da situação. Eu tinha ido ao supermercado para testar os conhecimentos daquele sujeito sobre os produtos e arranjar uma boa história para ilustrar minha palestra. Eu estava saindo com o que para mim era um recorde de todos os tempos em compras de frutos do mar numa única ida ao supermercado.

O homem era muito mais do que um atendente. Era um extraordinário "solucionador de problemas", que elevou a qualidade das minhas refeições e fez com que eu me sentisse o cliente mais importante do supermercado naquele dia. Se existisse uma "Calçada da Fama de Supermercados", meu carrinho cheio de compras teria sido um voto sonoro de confiança para esse dedicado trabalhador.

Art Turock

Um Enterro Diferente

O PENSAMENTO É A SEMENTE DA AÇÃO.
— EMERSON

Ao assumir a direção de uma importante companhia farmacêutica, eu defrontei com um sério problema: os funcionários, de uma forma geral, tinham o hábito de reclamar de tudo.

Quando havia algum tipo de problema, a reação era sempre negativa e passiva. Em vez de procurar soluções, concentravam-se em perpetuar os problemas dizendo: Eu não consigo! Com esse tipo de atitude não se podia atingir os objetivos e metas da companhia, e criava-se um ambiente extremamente negativo.

Quando não acreditamos em algo, dificilmente alcançamos o que pretendemos. O poder da mente, e aquilo que ela projeta, altera o desenlace dos eventos, como num movimento de ação e reação. Você precisa agir sobre os eventos antes que eles ajam sobre você. Quando se abusa da palavra não, a mensagem que volta ao cérebro é: Não vai dar certo. Isso faz com que a mente se condicione a não lutar, e o resultado é o desânimo perante os desafios.

O que podemos fazer para mudar esse tipo de situação? Como modificar o ambiente de trabalho e, assim, melhorar a produtividade dos funcionários? Com essas perguntas em mente, e depois de vários meses procurando encontrar a solução, decidi fazer algo diferente.

Convoquei uma reunião geral de todos os funcionários mas não expliquei o motivo da reunião. Simplesmente informei que era muito importante e obrigatória a presença de todos. Todos compareceram, pois, como geralmente acontece, boatos começaram a circular; dizia-se inclusive que a companhia estava à beira da falência.

Comecei a reunião explicando a importância de se ter uma atitude positiva diante da adversidade. Expliquei que o objetivo da reunião era resolver todos os problemas e situações difíceis que, na opinião do pessoal, era impossível resolver. Afirmei que no final da reunião tudo seria resolvido. Para isso, eu precisava que cada um descrevesse o que não conseguia resolver ou que achava que era impossível solucionar.

Alguns usaram essa oportunidade para reclamar do excesso de tarefas e da impossibilidade de completá-las em tempo. Outros se entusiasmaram com a idéia de ter alguém para resolver todos os seus problemas. Alguns encheram várias páginas com suas observações. Para evitar constrangimentos e o receio de que pudessem ser punidos por estarem apontando os problemas da firma, pedi que não se identificassem. Enquanto descreviam todos os "Eu-não-consigo", saí da sala. Só voltei quando todos já haviam terminado e aguardavam ansiosamente pela fórmula mágica.

Para surpresa geral, voltei vestido de padre, trazendo comigo dois coroinhas que carregavam um pequeno caixão. Abri o caixão e pedi que colocassem todos os "Eu-não-consigo" dentro dele. Em seguida, pedi que em silêncio me acompanhassem. Em forma de procissão, seguimos até o jardim em frente do prédio da companhia, onde depararam com uma cova, cruz e lápide com os seguintes dizeres: "Aqui jaz 'Eu-não-consigo'."

Diante da cova, fiz o seguinte discurso: "Queridos companheiros, hoje nos encontramos aqui reunidos para nos despedir de quem em vida era conhecido por todos como 'Eu-não-consigo'. Vamos também aproveitar a ocasião para nos despedir de seus amigos, o 'Eu-não-posso', o 'Não-vai-dar-certo', e de todos os outros 'nãos' que agora já não têm mais razão de nos visitar. Por muito tempo, eles nos causaram problemas e aborrecimentos e afetaram profundamente nossa vida, tanto no nível profissional como no pessoal. Inúmeras vezes, impediram que atingíssemos nossos objetivos, nos desmotivaram e sempre procuravam tornar nossa vida insuportável. Enquanto estiveram entre nós, transformaram muitas vidas, algumas mais outras menos, mas, de uma forma geral, afetaram a todos. Infelizmente, seus nomes foram citados inúmeras vezes, dentro e fora da companhia, algumas vezes, inclusive, em nossos lares. Felizmente, o 'Eu-não-consigo' deixou três irmãos: o 'Eu-posso', o 'Eu-consigo' e o 'Eu-vou-fazer-imediatamente'. Estes, bem menos conhecidos do que o irmão famoso, mas com certeza com a nossa ajuda, se tornarão famosos nesta companhia. Que o 'Eu-não-consigo' descanse em paz e para sempre. Por favor, aproximem-se do caixão para a despedida final."

Em seguida, prosseguimos com o enterro, do qual todos participaram jogando terra sobre o caixão. Finalmente, a lápide foi colocada sobre a cova e encerramos a cerimônia. Depois disso, todos fomos para o refeitório, onde havíamos preparado uma grande festa. Realmente, nos divertimos muito com o enterro e todos notaram a tremenda mudança de atitude. Todos agora evitam palavras negativas e se, por um acaso, alguém diz "Eu-não-consigo", imediatamente a resposta é: Claro que você consegue. O "Eu-não-consigo" está morto.

Mário Grieco
[Autor nacional]

Atendimento ao Consumidor não é Brincadeira

Não faz muito tempo, a recepcionista do hotel Polynesian Village no Walt Disney World perguntou a uma hóspede que estava deixando o hotel se ela havia gostado da visita. A mulher respondeu que tinha tido férias maravilhosas, mas que estava com o coração partido por ter perdido vários rolos de filme coloridos que ainda não revelara. Estava particularmente aborrecida pelas fotos que havia tirado no *show* Polynesian Luau, pois essa lembrança lhe era muito cara.

Por favor, compreendam que não temos nenhum serviço que cubra fotos perdidas do luau. Porém, felizmente, a funcionária da recepção compreendeu a filosofia de cuidado e preocupação com os visitantes da Disney. Ela pediu que a mulher lhe deixasse dois rolos de filme virgem, prometendo que iria cuidar do resto.

Duas semanas depois, a hóspede recebeu um pacote em sua casa. Nele havia fotos de todo o elenco do *show* do luau, autografadas pessoalmente por cada ator. Havia também fotos do desfile e da queima de fogos de artifício do parque, tiradas pela funcionária da recepção em sua hora de folga depois do expediente. Fiquei sabendo dessa história porque a mulher nos enviou uma carta. Ela disse que nunca em sua vida havia recebido um atendimento tão atencioso em nenhum outro estabelecimento.

Serviços generosos não fazem parte da política dos manuais de atendimento. Eles partem de pessoas que se importam com as outras — e de uma cultura que estimula e dá o exemplo desse tipo de atitude.

Valerie Oberle
Vice-presidente
Programas de Visitantes da Disney University

Passe Adiante

Temos a tendência de julgar o sucesso pela nossa faixa salarial ou pelo tamanho do nosso carro e não pela qualidade de nosso trabalho e do nosso relacionamento com as outras pessoas.
— Martin Luther King Jr.

Lá estava eu com minha mulher e nossa filha de dois anos, num acampamento isolado, cercado de neve, no Rogue River Valley, em Oregon, com um carro enguiçado. Estávamos viajando para comemorar o término do meu segundo ano de residência médica, mas meus conhecimentos recém-adquiridos nessa área de nada serviram para consertar o veículo que havíamos alugado para a viagem.

Isso aconteceu há vinte anos, mas lembro-me disso tão claramente quanto do céu sem nuvens do Oregon. Logo que acordei, vasculhei à minha volta com a lanterna e fui saudado pela escuridão. Tentei dar a partida. Nada. Caminhei para fora do acampamento e felizmente meus palavrões foram abafados pelo barulho do riacho que passava por ali.

Minha mulher e eu concluímos que éramos vítimas de uma bateria descarregada e que minhas pernas tinham mais utilidade do que meus conhecimentos de mecânica. Decidi voltar a pé até a rodovia principal, distante vários quilômetros, enquanto ela ficava com nossa filha.

Duas horas e um tornozelo torcido depois, cheguei até a rodovia e fiz sinal para um caminhão que transportava madeira. O motorista me deu carona até o primeiro posto de gasolina que encontramos e foi embora. Ao me aproximar do posto, dei-me conta de que era domingo de manhã. O lugar estava fechado, mas havia um telefone público e uma lista telefônica caindo aos pedaços. Telefonei para a única companhia de auto-socorro localizada na cidade mais próxima, a cerca de trinta quilômetros de distância.

Bob atendeu ao telefone e me ouviu enquanto eu explicava meus apuros.

— Não tem problema — ele disse quando dei minha localização. — Normalmente, estou fechado aos domingos, mas posso chegar aí em mais ou menos meia hora.

Fiquei aliviado pelo fato de ele me atender, mas ao mesmo tempo consciente das implicações financeiras que essa oferta de ajuda significava.

Ele chegou em seu reluzente caminhão-guincho e nos dirigimos para a área do acampamento. Quando saí do caminhão, me virei e observei com espanto Bob descer com aparelhos na perna e a ajuda de muletas. Ele era paraplégico!

Enquanto ele se movimentava, comecei novamente minha ginástica mental de calcular o custo da sua boa vontade.

— É só uma bateria descarregada. Uma pequena carga elétrica e você poderá ir embora.

Bob reativou a bateria e enquanto ela recarregava, distraiu minha filha com truques de mágica. Ele até mesmo tirou uma moeda de 25 centavos da orelha e deu para ela.

Enquanto ele colocava os cabos de volta no caminhão, perguntei quanto lhe devia.

— Oh! Nada — respondeu, para minha surpresa.

— Tenho de lhe pagar alguma coisa.

— Não — ele reiterou. — Quando eu estava no Vietnã, alguém me ajudou a sair de uma situação pior do que esta, quando perdi minhas pernas, e o sujeito me disse apenas para passar isso adiante. Portanto, você não me deve nada. Apenas lembre-se: quando tiver uma chance, passe isso adiante.

Vamos avançar no tempo cerca de vinte anos, para meu movimentado consultório onde freqüentemente treino estudantes de medicina. Cindy, uma aluna do segundo ano de uma faculdade de outro Estado, veio passar um mês no meu consultório para que pudesse ficar com a mãe, que morava na região. Acabamos de atender a uma paciente cuja vida fora destruída pelas drogas e pelo abuso do álcool. Cindy e eu estamos no posto de enfermagem discutindo as opções de tratamento possíveis e, de repente, noto que seus olhos estão cheios de lágrimas.

— Você não se sente bem por falar sobre esse tipo de coisa? — perguntei.

— Não — Cindy respondeu soluçando. — É simplesmente que minha mãe poderia ser esta paciente. Ela tem o mesmo problema.

Durante o horário de almoço, ficamos isolados na sala de reuniões, conversando sobre a trágica história da mãe alcoólatra de Cindy. Chorosa e angustiada, ela abriu seu coração ao contar os anos de ressentimento, vergonha e hostilidade que haviam marcado a existência de sua família. Dei-lhe a esperança de colocar a mãe sob tratamento e providenciamos para que entrasse em contato com um conselheiro treinado. Depois de ser bastante encorajada pelos outros membros da família, a mãe de Cindy consentiu prontamente em se submeter a um tratamento. Ficou internada no hospital por várias semanas e, quando saiu, era uma outra pessoa. A família de Cindy quase tinha sido destruída; pela primeira vez, puderam sentir um pouco de esperança.

— Como posso lhe agradecer? — perguntou Cindy.

Quando me lembrei daquele acampamento cercado de neve e do bom samaritano paraplégico, eu soube que só poderia lhe dar uma resposta:

— Apenas passe adiante.

Kenneth G. Davis

As Manhãs de Quarta-Feira com Elvis

Q<small>UEM SEMEIA BONDADE TERÁ UMA ETERNA COLHEITA.</small>
— A<small>NÔNIMO</small>

Trabalho como faxineira há 14 anos. Uma das minhas patroas favoritas era a velha sra. Avadesian. Magra como um palito, parecia balançar-se o tempo todo, o cabelo branco amarrado em coque atrás da cabeça movendo-se de um lado para o outro. Não sei ao certo quantos anos tinha, mas sei que poucos anos antes enterrara o último dos seus seis filhos e todos eles já estavam aposentados fazia algum tempo. Eu sabia uma coisa a mais sobre a sra. Avadesian, algo que ninguém da sua família, nem mesmo seus seis filhos ou algum amigo, jamais ficou sabendo. Era um segredo nosso.

A senhora Avadesian era louca por Elvis Presley.

Descobri isso por acaso numa manhã, quando, ao entrar na sala, a surpreendi escondendo alguma coisa.

— Ah, Meu Deus! — balbuciou, recuando. Ficamos de frente uma para a outra pelo que me pareceu ser uma eternidade. Olhou para um lado e para outro até que, como que a avaliar o terreno, fitou-me nos olhos em busca de lealdade e compreensão. Ao perceber que as tinha, seu rosto se iluminou.

E decidiu compartilhar comigo seu segredo. Lá estava ele em cores vivas — quer dizer, em cores vivas desbotadas: Elvis Presley em pessoa, sorrindo para nós duas num exemplar da *Teen Magazine* de 1956, com aquele sorriso de almofadinha que dizia "Eu sou o rei". Levantei os olhos para a senhora Avadesian. Seu rosto estava corado.

Depois disso, todas as quartas-feiras, o rei ia à casa da senhora Avadesian para uma visita pessoal. Às nove da manhã em ponto, eu levava minhas tralhas de limpeza para a velha casa em estilo vitoriano e lá estava ela, andando agitada de um lado para o outro, próxima à janela. Para essas ocasiões, usava sempre seu vestido de noiva branco de organza bordada, um colar de pérolas de uma volta e chinelos de cetim cor-de-rosa.

Sempre usava o cabelo solto nessas manhãs. Soltava o coque, grampo por grampo, até que os anéis de cabelo branco sedosos caíam, emoldurando-lhe o rosto que explodia em cores contrastando com a pele muito branca. Lábios cor-de-rosa brilhantes, sombra rosa-escuro nas pálpebras e as maçãs do rosto vermelhas como tomate.

Ela esperava na saleta de estar e, quando eu terminava a limpeza, me dirigia para a velha vitrola e tirava da sacola de limpeza nosso tesouro — uma cópia um pouco arranhada, mas ainda perfeitamente usável, dos "Grandes sucessos de Elvis" que penei para conseguir em uma *garage sale**. Ia até a senhora Avadesian, pegava sua mão pequenina, fazia uma reverência e a conduzia para a pista de dança. Depois de um ou dois compassos, Elvis se juntava a nós da vitrola no canto da sala e lá, formando um trio, enlouquecíamos.

Elvis cantava seu "louco amor" e a senhora Avadesian, em seu vestido de noiva de organza branca, sacudia, rodopiava e tropeçava por toda a sala, livre, seu chinelo rosa tirando faíscas do tapete.

Sacudíamos, gritando e pulando pra cima e pra baixo. Quando pensávamos que não podíamos continuar nem mais um minuto, Elvis aumentava o ritmo com *Jailhouse Rock*. Ele era implacável, nos deixava exaustas. Implorávamos a ele:

— Por favor, Elvis, não seja cruel!

Para o grande final, ele nos apaziguava e jurava amor eterno. Nesse momento, eu tomava a senhora Avadesian em meus braços e valsávamos pela sala. Nós nos revezávamos na condução da valsa enquanto nosso homem cantava *Love Me Tender*.

E foi isto que ele fez. Todas as manhãs de quarta-feira, durante todas as quartas-feiras que restavam para a senhora Avadesian.

Joy Curci

---

* *Garage sale*. Procedimento muito comum nos Estados Unidos e na Inglaterra, quando as famílias vendem artigos usados (roupas, móveis, eletrodomésticos) a preços convidativos. Essa venda se dá, freqüentemente, nas garagens ou jardins das casas. (N. T.)

Vaca Sagrada

Em 1978, meu carro precisava de alguns reparos que eu mesmo não podia fazer. A oficina mecânica aonde eu costumava levar meu carro havia fechado; portanto me vi frente à desanimadora tarefa de procurar um mecânico bom e honesto. Eu estava preocupado por causa da — talvez injusta — reputação dos mecânicos de exploradores. Felizmente, meu amigo Dave me deu uma indicação: Auto Mecânica D.

Fiquei agradavelmente surpreso ao descobrir que o proprietário da D era um mecânico que tinha trabalhado em meu carro várias vezes no passado. Naquela época, ele trabalhava em um posto de gasolina perto da minha casa. Na realidade, eu nunca havia falado muito com ele antes, mas sabia que seu trabalho era bom.

Preenchi os papéis para o conserto e esperei enquanto D falava ao telefone com outro cliente. Enquanto estava ali sentado, dei uma olhada no pequeno escritório para me manter ocupado. Um artigo de jornal emoldurado chamou a minha atenção. A manchete dizia: "Criador de gado leiteiro na vizinhança mata todo o rebanho." O artigo era sobre o feito de um fazendeiro, que pertencia à quinta geração de uma tradicional família criadora de gado leiteiro, durante o pânico que a ameaça de contaminação do leite gerou em Michigan muitos anos antes. Aparentemente, o gado leiteiro estava sendo contaminado por uma doença que afetava o suprimento de leite. A situação havia ficado séria o suficiente para que o Estado decidisse investigar se as vacas de Michigan estavam infectadas. Os lobistas que representavam os produtores de leite protestaram e o Estado teve de voltar atrás em sua decisão. Parecia que ia levar meses de manobras políticas antes que o dilema pudesse ser resolvido. Neste ínterim, os fazendeiros podiam continuar a vender leite e também o gado para o corte.

Aquele fazendeiro em especial decidiu que essa estratégia não ia funcionar com ele e escolheu outro caminho. Pagou para que todas as suas vacas fossem examinadas. De todo o rebanho, apenas algumas foram consideradas infectadas. Como ninguém podia garantir que as outras vacas estivessem totalmente livres da doença, ele ordenou que todo o rebanho fosse morto e enterrado num lugar que não pudesse prejudicar o meio ambiente ou o reservatório de água. O seguro do fazendeiro não cobriu a perda, pois o Estado não havia feito um pedido para que ele se desfizesse do rebanho. Quando lhe perguntaram por que havia feito isso, o fazendeiro respondeu:

— Porque era a coisa certa a fazer.

Perguntei a D por que ele exibia esse artigo na parede. Pensei que tivesse alguma ligação com o fazendeiro ou que o conhecesse. Ele disse que nunca o havia conhecido, mas que o fazendeiro era uma inspiração para ele e havia estabelecido um novo padrão de integridade, confiança e honestidade. Disse que era assim que ele agia no seu negócio e que gostaria que as pessoas dissessem sobre ele o mesmo que ele disse sobre o fazendeiro.

Fiquei duplamente impressionado com ambos, com o fazendeiro e com D. No ano seguinte, a meu conselho, meu filho começou um aprendizado de nove meses na oficina de D. Eu queria que meu filho estudasse com ele não apenas porque era um bom mecânico, mas principalmente porque era um homem honesto e íntegro. Que o mesmo possa ser dito sobre mim um dia.

Dennis J. McCauley
Apresentado pelo Prof. Dr. Charmian Anderson

Uma Lição de um Milhão de Dólares

Todo trabalho que enaltece o ser humano é digno e importante e deve ser compreendido com extrema superioridade.
— Martin Luther King Jr.

Eu havia voado para Dallas com o único propósito de visitar um cliente. O tempo era de suma importância e meus planos eram ir e voltar para o aeroporto o mais rápido possível. Um táxi impecável parou. O motorista correu para abrir a porta do passageiro e certificou-se de que eu estava confortavelmente sentado antes de fechá-la. Quando se sentou atrás do volante, mencionou que o *Wall Street Journal*, cuidadosamente dobrado ao meu lado, era para o meu uso. Mostrou-me então várias fitas de música e perguntou que tipo eu apreciava. Ora! Olhei ao meu redor para verificar se havia uma câmera tipo *Topa Tudo Por Dinheiro* escondida. Você não faria o mesmo? Eu não podia acreditar no atendimento que estava recebendo.

— Com certeza, você se orgulha bastante do seu trabalho — disse para o motorista. — Você deve ter uma história para contar.

Ele tinha.

— Eu costumava trabalhar na Corporate America — começou. — Mas fiquei cansado de pensar que o melhor que eu podia fazer nunca seria bom o suficiente, rápido o suficiente ou devidamente valorizado. Decidi encontrar meu lugar na vida, onde pudesse sentir orgulho de ser o melhor que eu pudesse. Eu sabia que eu nunca seria um cientista, mas adoro dirigir carros, ser útil e sentir que fiz um bom trabalho no fim do dia.

Depois de avaliar seus recursos pessoais, decidiu ser motorista de táxi.

— Não apenas um motorista de táxi comum — continuou —, mas um motorista de táxi profissional. De uma coisa estou certo: para ser bom no meu trabalho eu poderia apenas corresponder às expectativas dos passageiros. Porém, para ser *excelente* no meu trabalho, tenho de *superar* as expectativas dos clientes. Gosto mais da sensação de ser "excelente" do que de ficar apenas na média.

Será que lhe dei uma boa gorjeta? Pode apostar que sim. A Corporate America saiu perdendo, mas as pessoas que viajam saíram lucrando.

Petey Parker

Como Manter um Cliente...
Mesmo que Isso Doa

A PENAS OS QUE SE ARRISCAM A IR LONGE SÃO CAPAZES DE DESCOBRIR ATÉ ONDE SE PODE CHEGAR.

— T. S. Eliot

Não há nada mais importante para o sucesso de um negócio do que a satisfação dos clientes. Os clientes satisfeitos ficam com você e o indicam a amigos. Além disso, manter um cliente custa muito menos do que conquistar um novo para substituir um insatisfeito que se foi. O único grande motivo pelo qual os clientes vão embora é a quebra de promessas. A única regra importante para manter os clientes é: "Quando fizer uma promessa, explícita ou implícita, faça o possível para cumpri-la, custe o que custar."

Eu estava em casa em Columbus, Ohio, dormindo profundamente. Eram duas horas da manhã e fui acordado pelo telefone: um dos meus clientes. Eu havia agendado uma palestra na ilha Marco, na Flórida, para as nove horas dessa mesma manhã e deveria ter chegado na noite anterior. Entrei em pânico. Por alguma razão, pensei que o compromisso fosse dali a dois dias. Como é que isso aconteceu? Não importa. O problema imediato era uma palestra que tinha de ser feita em sete horas e eu estava a milhares de quilômetros de distância sem ter a mínima idéia de como poderia chegar lá.

Comecei a procurar freneticamente nas páginas amarelas por aviões de frete. Telefonei para uns seis ou sete, mas ninguém atendia o telefone às duas da manhã. Finalmente, alguém atendeu. Era um serviço de ambulância aérea. O cara me perguntou que tipo de emergência era. Disse-lhe que, se eu não estivesse na ilha Marco até as sete horas da manhã, meu cliente me mataria. Perguntei se ele podia me levar. Ele respondeu perguntando se eu tinha um cartão de crédito da American Express. Dei-lhe o número pelo telefone e ele me assegurou que não haveria problema. A ambulância Lear Jet me deixaria lá no horário.

Telefonei para meu cliente e disse que havia fretado, por minha própria conta, um Lear Jet e estaria lá às sete horas. Ouvi um suspiro de alívio quando ele disse que haveria um motorista me esperando no aeroporto da ilha Marco. Por volta de três horas, corri até o escritório para pegar minhas coisas, agarrei uma garrafa de dois litros de refrigerante dietético e saí correndo para esperar a chegada da minha ambulância aérea. Enquanto esperava, bebi todo o refrigerante.

Depois de quarenta minutos de vôo, os dois litros de refrigerante estavam prontos para sair. Descobri então que o Lear Jet tinha de tudo, inclusive uma enfermeira registrada chamada Sandy. A única coisa que não tinha era um banheiro... e eu não podia esperar mais noventa minutos. Não havia penicos, garrafas ou outros recipientes que eu pudesse usar. Não tinha com o que me preocupar. Sandy tinha uma solução: uma sonda. Nem pensar! Perguntei então aos pilotos o que eles faziam em viagens longas. Um deles pegou uma pasta de couro, retirou um saquinho de sanduíche de plástico com aquelas bordas que se fecham sob pressão, tirou os palitos de cenoura de dentro e me deu, junto com um conselho importante. "Quando fechar, certifique-se de que as tiras amarela e azul da ponta fiquem verdes."

O avião aterrissou um pouquinho antes das oito. Antes de descer, o piloto perguntou quanto tempo eu iria ficar. A palestra levaria 45 minutos, seguida de uma sessão de autógrafos. Calculei que terminaria por volta do meio-dia.

— Ótimo — ele respondeu. — Vamos esperar.

Que tal esta? A viagem de volta era de graça.

A limusine me deixou no hotel com tempo suficiente para tomar um banho e me preparar. Fiz uma das melhores apresentações da minha vida. Tudo saiu perfeito. Foi pura adrenalina.

O cliente ficou muito impressionado e satisfeito que eu tivesse sido capaz de honrar meu compromisso e que estivesse disposto a fazê-lo apesar do custo. Ah, sim... o custo. Foi de sete mil dólares. Para piorar a situação, acrescentaram um imposto de 10% porque era uma passagem comum. Se tivesse deixado Sandy me colocar a sonda, eu teria sido um paciente e economizado setecentos dólares! Para completar, não havia milhas de viagem.

    Foi uma aventura que não esquecerei tão cedo, principalmente a conta, mas o cliente ficou impressionado e recebi vários trabalhos extras, além de uma excelente propaganda boca a boca — sem mencionar o ótimo exemplo pessoal para citar em minhas palestras. Manter as necessidades do cliente em primeiro lugar sempre compensa... até mesmo quando isso custa.

Jeff Slutsky

Além das Expectativas

*E*IS UMA REGRA SIMPLES MAS EFICAZ: DÊ SEMPRE ÀS PESSOAS MAIS DO QUE ELAS ESPERAM RECEBER.
— NELSON BOSWELL

Parece que uma concessionária de automóveis na minha cidade natal de Albuquerque estava vendendo, em média, de seis a oito carros novos por dia, seis dias por semana. Disseram-me também que 72% dos compradores que iam à loja pela primeira vez voltavam para uma segunda visita (naquela época, a média de pessoas que voltavam uma segunda vez em todas as outras revendedoras de carro de Albuquerque era de 8%).

Fiquei curioso e intrigado. Como é que uma concessionária conseguia fazer com que 72% das pessoas voltassem? E como é que podiam vender de seis a oito carros por dia num mercado que estava em baixa?

Quando entrei na Saturno, em Albuquerque, naquela sexta-feira há quatro anos, os funcionários da loja nunca tinham me visto mais gordo. No entanto, conversaram comigo sobre sua política de preços, sobre a margem de lucros de cada modelo e sobre quanto ganhavam. Até abriram os manuais de treinamento para que eu desse uma olhada e me convidaram para voltar no sábado se eu quisesse mais informações (um convite que aceitei com entusiasmo).

Soube que a política dessa concessionária (assim como de todas as concessionárias Saturno) é a de trabalhar com o menor preço possível, não dando margem para descontos; isto é, paga-se o preço que está na vitrine e ponto final. Não se pode nem negociar um jogo de tapetes de graça. A Saturno é fiel à premissa de vender automóveis de alta qualidade por um preço razoável.

Além disso, os consultores de venda da Saturno (este é o termo que usam para os vendedores) não recebem comissão — eles têm salário. Isso significa que, quando você entra no *showroom* de veículos, não é bombardeado pelo que costumo chamar de "vendedores vorazes".

Fiz pesquisas em outras concessionárias em Albuquerque. Apurei que o Ford Escort, o LTD e o Thunderbird, assim como o Mercury Marquis, também eram vendidos com um preço mínimo, sem barganha. Bruce Sutherland, da Richardson Ford, disse:

— Estávamos perdendo nosso mercado para a Saturno por causa da política de preços e de salário deles. Se todos fizéssemos o que eles estavam fazendo, não só ganharíamos um bom dinheiro, mas também melhoraríamos nossa reputação.

No domingo, um dia depois da minha segunda visita à loja Saturno (este é o termo que eles usam, não eu), minha mulher Jane e eu caminhávamos, como sempre fazemos. Especificamente nessa manhã de junho, ela colocou sua mão delicadamente na minha e disse:

— Não sei se você se lembra, mas hoje faz cinco anos que me livrei do câncer.

Ela tinha tido câncer de mama havia cinco anos e tinha se submetido a uma operação. Fiquei pasmado, em parte porque estava constrangido por ter me esquecido e em parte porque... bem, parece que passamos todo o tempo trabalhando para ganhar dinheiro e nunca paramos para usufruir dele. Quer dizer, não é para isso que trabalhamos?

Eu não sabia o que fazer. Fui delicado com ela durante todo o dia, levei-a para almoçar e paguei o almoço. Foi um dia agradável, bem íntimo.

No dia seguinte, uma segunda-feira, Jane saiu para dar aulas. Apesar de não saber o que fazer para marcar essa ocasião especial, fiz a coisa mais ousada que eu já havia feito na minha vida: comprei um Saturno novinho. Comprei todos os acessórios que eles produzem em Springhill, Tennessee, para colocar no carro. Não havia um acessório que eu não tivesse comprado. Não escolhi a cor nem o modelo, mas paguei à vista e disse a eles que levaria Jane à loja na quarta-feira às quatro e meia para tomar essas decisões. Contei-lhes o motivo por que estava comprando o carro e que era um segredo; eles não deviam dizer nada a ela.

Na terça-feira de manhã ocorreu-me que Jane sempre quis ter um carro branco. Liguei para o consultor de vendas da Saturno e perguntei se ele tinha algum carro branco na loja. Ele disse que tinha sobrado um, mas que não poderia garantir que ainda estivesse disponível na quarta-feira, porque estavam vendendo bastante. Falei que iria arriscar e pedi que colocasse o carro no *showroom*.

Quarta-feira veio e se foi. Inesperadamente, uma pessoa da nossa família foi internada no hospital. Por causa disso, só no sábado às 9h30, depois de contar a Jane uma grande mentira para conseguir tirá-la de casa, é que fomos, finalmente, à loja Saturno. Entrei depressa no estacionamento e ela perguntou irritada:

— O que está fazendo? Você prometeu que voltaríamos logo pra casa.

— Sinto muito, esqueci que preciso pegar uma coisa aqui para minha palestra em Kiwanis na semana que vem — respondi.

Jane nunca estivera numa loja Saturno. Quando passamos pela porta, ficou maravilhada. Viu aquele Saturno branco cupê bem no meio do *showroom*. Passou rapidamente por um mar de automóveis de todas as cores, sentou-se no pequeno Saturno branco e disse:

— Ah, que carrinho lindo! Posso ter um carro novo?

— Não — eu disse —, não até que Charlie se forme na faculdade.

Nosso filho, Charlie, estudava na Universidade de New South Wales em Sidney, Austrália. Ela disse:

— Estou cansada de dirigir aquele velho Dodge, quero um carro novo.

— Eu prometo — respondi —, apenas mais três semestres e nosso filho vai se formar.

Em seguida, Jane andou até a frente do carro. Quando olhou, deixou escapar o grito mais terrível e mais estridente que eu já tinha ouvido em 29 anos de casamento.

Agora, antes que eu diga por que Jane gritou, deixe-me dizer o que o nosso consultor de vendas tinha feito. Ele tinha encomendado uma grande placa, com letras gravadas (letras brancas sobre fundo azul) e colocado nele o símbolo da companhia. A placa estava no meio do capô do pequeno Saturno Cupê e dizia:

Parabéns, Jane. Este carro é seu. Cinco anos livre do câncer. Vamos comemorar a vida. De Milt, Billy e de todos os funcionários da Saturno.

Cada um dos funcionários da Saturno, de Albuquerque, havia assinado atrás da placa. Jane viu, gritou e desabou nos meus braços. Eu não sabia o que fazer. Eu chorava. Peguei minha fatura da segunda-feira anterior, desdobrei-a e apontando para o cupê branco, falei:

— Não, querida, este carro não é seu. Comprei *este* aqui pra você, e bati com o dedo indicador na fatura.

— Não, quero este que está aqui — ela disse.

Charlie, que tinha vindo para casa da faculdade e estava conosco, disse:

— Não, mamãe. Papai comprou tudo o que você quer em Springhill, Tennessee, ou tudo o que está escrito aqui.

— Vocês não entendem, eu quero este aqui — ela disse.

Enquanto isto, olhei em volta e descobri que não havia mais ninguém na loja. Nosso consultor de vendas providenciou para que compartilhássemos aquele momento sozinhos. Os mecânicos, o pessoal do escritório, a recepcionista, o gerente e todos os outros vendedores haviam saído da loja para tornar este momento sagrado só nosso.

Mesmo assim, é impossível ter muita privacidade quando tantas pessoas estão do lado de fora da vitrine, olhando para dentro. Quando Jane gritou e se atirou em meus braços, vi todos lá fora aplaudirem e começarem a chorar. Todos os clientes novos que vieram à loja naquele momento não puderam entrar; em vez disso, os funcionários explicavam o que estava acontecendo.

Jane nunca havia dirigido o carro até que o retirou da loja naquele dia e o levou para casa.

Durante anos tenho contado esta história nos Estados Unidos, na Austrália e na Indonésia, como um exemplo de atendimento fabuloso. Uma mulher na platéia, em San Francisco, de Anchorage, no Alasca, ouviu a história; ela fez uma ligação interurbana para a Saturno, em Albuquerque, e comprou um carro novo. É como Ken Blanchard diz: "Apenas a história que contam a nosso respeito é que nos diferencia no mercado de trabalho."

Milt Garrett
Apresentada por Ken Blanchard

5

Siga o Seu Coração

Sua função é descobrir seu trabalho e, então, entregar-se a ele com todo o seu coração.

— Buda

Apenas Retribuindo

A VERDADE DE UMA PESSOA NÃO ESTÁ NO QUE ELA TE REVELA, MAS NAQUILO QUE NÃO PODE REVELAR-TE.
— GIBRAN

Eu estava em viagem de férias com a família quando a correia do ventilador do carro se rompeu, justamente na Baixada Fluminense. Consegui levar o fusquinha até o posto de gasolina mais próximo, na expectativa de que ainda houvesse possibilidade de socorro, apesar do adiantado da hora. O ambiente não era dos melhores e, àquela hora, o bar estava cheio de gente muito estranha. Na lojinha de peças, fiquei sabendo que só no outro posto, distante mais de dez quilômetros, eu poderia encontrar a correia. Eu teria de deixar o carro com a família naquele lugar horroroso e ir de carona comprar a peça. Discuti o assunto com minha mulher, cujo medo era mais que visível em sua voz trêmula, quase sumida. Não tínhamos alternativa. O carro não poderia rodar como estava. Então, instruí meu sobrinho de 8 anos para ficar atento e, se alguém se aproximasse do veículo, fizesse o maior barulho possível para que todos pudessem ouvir de longe. Eu iria tentar, numa loja que havia no mesmo posto, telefonar para o outro posto na esperança de que um táxi me trouxesse a encomenda.

Nesse momento, um caminhoneiro que saía do bar aproximou-se de mim perguntando o que se passava. Relatei-lhe o meu problema e ele propôs-se a buscar a correia para mim, recomendando-me para não me afastar um minuto da minha família. Depois de quase uma hora, lá estava ele de volta. Colocou a correia no lugar e certificou-se de que o meu carro poderia seguir viagem. Notando que a bateria havia perdido a carga e, conseqüentemente, os faróis estavam fracos (os carros naquela época ainda não dispunham de alternador), ele sugeriu que eu o acompanhasse na estrada por alguns quilômetros até carregá-la.

Tudo acertado, perguntei-lhe quanto lhe devia pelo seu providencial socorro e, para minha surpresa, ele se negou a receber qualquer quantia, dizendo: "Sou do pedaço, doutor. Vivo na estrada e também já fui socorrido assim. Tô apenas retribuindo..."

Durante a nossa conversa, enquanto consertávamos o fusca, fiquei sabendo que ele se chamava Jesus e que tinha uma filhinha de dois anos de idade, como a minha. Na escuridão da estrada, meus parcos faróis faziam-me dividir minhas preocupações com meus pensamentos sobre ele, quando minha filha disse subitamente: — Pai, aquele moço é Jesus Cristo!

Alceu Brito Corrêa
[Autor nacional]

Criando Boas Recordações Para Amanhã

Eu não sei qual será o seu destino, mas de uma coisa eu sei: os únicos entre vocês que serão verdadeiramente felizes são aqueles que procuraram e descobriram como servir.
— Albert Schweitzer

As pessoas que me conhecem há muito tempo se recusam a crer que trabalho num asilo. Certamente, não iriam acreditar no quanto amo aquilo que faço.

Elas não estão dispostas a me deixar esquecer os anos em que a nossa escola dominical manteve um culto semanal num asilo. Eu era sempre a última a se oferecer espontaneamente. Aqueles que me conhecem há mais tempo também se lembram de que eu tinha pouca paciência com um vizinho idoso. Eu era aquela que rotulava todas as pessoas mais velhas de "chatas".

Isso foi antes de conhecer a senhorita Lilly. Ela mudou muitas coisas na minha vida. Desde que a conheci, nunca mais tive a mesma opinião a respeito da geração mais velha, dos asilos ou até mesmo da vida.

Eu tinha ouvido falar muitas coisas ruins sobre o asilo na vizinhança e admito que me candidatei a um emprego ali apenas porque era perto da minha casa — pensei com meus botões que sempre haveria a possibilidade de desistir. Sim, a recepcionista me assegurou quando fui me candidatar, eles realmente precisavam de uma ajudante de enfermeira.

— Você tem certeza? — ela perguntou.

— Ainda não — respondi, imaginando como alguém neste mundo poderia ter certeza. Com a ficha de emprego na mão, fui mandada para um quarto ensolarado. Sentei-me a uma mesa de frente para umas vinte velhinhas ou mais. Estavam fazendo exercícios sob a orientação de uma mulher sisuda, que vestia calças pretas e uma blusa num tom cinza desbotado. Sua voz era monótona. Tinha tanto entusiasmo quanto um condenado a caminho da forca. Imaginei qual seria o seu cargo. Assim que comecei a escrever "ajudante de enfermeira" no espaço em que se lia "cargo pretendido", ela leu o trecho de uma carta em voz alta: "Querida Diretora de Atividades." Então é isso o que ela era. Em vez de escrever ajudante de enfermeira no espaço em branco escrevi "Diretora de Atividades". Eu sabia que podia fazer um trabalho melhor do que aquela mulher rabugenta. Eu sabia como sorrir e meu guarda-roupa estava repleto de cores vivas.

Desempregada, eu adquirira o péssimo hábito de dormir até tarde. Quando o som estridente do telefone me acordou, eram oito e cinco da manhã. A mulher do outro lado parecia alegre e confiante.

— Tenho aqui sua ficha pleiteando uma vaga como Diretora de Atividades — ela disse. — Estamos abrindo outra unidade. Quais são as suas qualificações?

Fazendo o possível para parecer bem acordada, respondi:

— Eu costumava dar aulas em uma escola — não mencionei que era uma escola de primeiro grau e que tinha sido vinte anos antes.

— Quando você pode vir aqui? — perguntou.

Sentei-me na cama: — Uma hora. Posso chegar aí em uma hora.

Desse dia em diante, minha vida mudou. Não é mais apenas minha. Enquanto estou acordada, meus pensamentos estão sempre voltados para os internos. Billie está bem, agora? Como está, senhor fulano de tal? Será que a Jane vai voltar do hospital hoje?

Elas enchem meus pensamentos e meu coração — essas pessoas frágeis e solitárias que têm sempre uma história para contar e amor para dar. Ainda estou para conhecer uma que seja "chata".

Minha primeira paixão foi a senhorita Lilly, uma mulher solitária com apenas uma parente viva. Ela não era uma coisa bonita de se olhar. Tinha os ombros largos, pés e mãos grandes e era um pouco corcunda. Passava os dias sentada numa cadeira geriátrica azul. Babava constantemente, a boca grande sempre aberta expondo vários dentes quebrados e manchados e gengivas muito vermelhas. O cabelo, branco e ralo, formava dois redemoinhos, fazendo com que espetasse para todos os lados. Pior ainda, a senhorita Lilly nunca falava.

Eu já tinha visto sua única parente, uma sobrinha, várias vezes. Todas as visitas eram sempre a mesma coisa. De pé, um pouco distante da cadeira azul, ela dizia:

— Seu cheque chegou, sua conta foi paga.

Nunca uma palavra pessoal, um abraço ou algum sinal de afeição.

Não admira que a senhorita Lilly tivesse se retirado do que parece ter sido um mundo frio e cruel. Os meses passavam e ela parecia encolher cada vez mais naquela cadeira. Sua saúde estava se deteriorando a olhos vistos. Eu passava cada vez mais tempo na sua unidade. Descobri que não estava se alimentando direito. Abri mão do meu horário de almoço para alimentá-la. Vendo o quanto gostava de gelatina e de pudim, levava-lhe um pouco extra. Conversava bastante com ela — sobre a temperatura, atualidades, qualquer coisa que me viesse à cabeça. Algumas vezes segurava-lhe a mão. Um dia, para meu espanto, ela falou.

— Chegue mais perto — disse.

Ajoelhei-me rapidamente ao seu lado.

— Coloque os braços à minha volta e finja que você me ama — sussurrou.

Eu amo a senhorita Lilly! Nunca havia pensado nisso. Apertei-a em meus braços e senti meu coração quase explodir de amor.

Têm havido muitas senhoritas Lilly na minha vida desde então, e sei que haverá outras. Elas precisam de algo mais do que amabilidade e cuidados; precisam de um pedacinho do seu coração. Adoro cada dia de trabalho; adoro dividir com elas a minha vida, os meus netos, as minhas alegrias e as minhas tristezas. Elas compartilham comigo seu passado, seus temores, o futuro de suas famílias e, o mais importante, seu amor.

Meu guarda-roupa possui um arco-íris de cores. Já me vesti de tudo, de palhaça a coelhinha da páscoa. Já pendurei flamingos cor-de-rosa e trutas manchadas nas orelhas. Elas adoram!

Agora defino asilos como casas divertidas para pessoas maduras. São lugares maravilhosos onde pessoas experientes, adoráveis e espirituosas desfrutam da companhia umas das outras.

Minha missão é fazer com que cada dia da vida dessas pessoas seja uma boa recordação para o amanhã. Gostamos de cantar, de rir e brincar com jogos, como se existisse apenas o dia de hoje. Algumas vezes isto é verdade. Escrevi estas linhas logo após a morte da senhorita Lilly:

Toquei sua mão e falei seu nome,
os olhos cansados me fitaram, bem abertos.
Olhei e vi lá no fundo
a solidão que encerravam.
Segurei sua mão frágil na minha,
meu calor afugentou-lhe o frio
O amor que ela me trouxe,
ainda hoje eu divido com outros.

Joyce Ayer Brown

Eu me Surpreendi Dizendo Sim

Sou apenas uma; no entanto sou uma.
Não posso fazer tudo, mas ainda posso fazer alguma coisa. Não vou me recusar a fazer aquilo que posso.
— Helen Keller

Era um dia normal da primavera de 1950. Fui solicitada a comparecer a uma reunião com o diretor do hospital-escola onde eu trabalhava como médica plantonista. Ele não disse o motivo da reunião e quando cheguei ao seu escritório fiquei surpresa por encontrar cinco casais sentados com ele. Sentei-me e fiquei imaginando o que aquelas pessoas teriam em comum.

O que elas tinham em comum era um problema: todos eram pais de deficientes mentais e não tinham conseguido encontrar uma instituição médica em toda a cidade de Nova York disposta a cuidar das necessidades especiais de seus filhos.

Quando me contaram sua história fiquei chocada ao saber como haviam sido maltratados, mal-aconselhados e humilhados; tudo porque as crianças eram retardadas e não "mereciam" ser tratadas como outros seres humanos com problemas de saúde. Haviam sido recusados por todos os outros hospitais-escolas. A solicitação deles era simples: pediam um atendimento ambulatorial semanal para tratar dos problemas físicos de deficientes mentais.

A história deles me emocionou profundamente e fiquei envergonhada que essa atitude existisse entre meus colegas médicos. Logo me surpreendi dizendo que iria organizar um atendimento clínico uma manhã por semana para aquelas crianças e seus pais.

Não me dei conta, naquele momento, de que essa decisão representaria o início de uma nova vida para mim. Logo me tornei chefe do primeiro e único estabelecimento desse tipo no mundo, que cuidava dos problemas físicos de crianças com deficiência mental. Os pais apareciam de todos os lugares com os filhos, procurando ajuda. Fiquei completamente sobrecarregada, tentando atender a todos em apenas uma manhã por semana. O que eu deveria fazer? Estava angustiada entre a decisão de devotar toda a minha vida profissional a essa missão ou me afastar. Desnecessário dizer que decidi me entregar à causa dessa comunidade solitária.

O encontro inesperado daquela primavera com aqueles cinco casais fez com que eu me transformasse em defensora, clínica, pesquisadora, administradora e política. Os cinco casais fundaram a Associação Nacional de Deficientes Mentais. Jimmy Carter, então presidente dos Estados Unidos, nomeou-me a primeira diretora do Instituto Nacional de Pesquisas sobre Deficiências.

Eu havia sido desafiada a mergulhar fundo dentro de mim mesma para proporcionar uma vida melhor àquelas pessoas. Eu disse sim... e encontrei minha missão na vida.

Margaret J. Giannini

Não Escrevo Bem

Existe uma vitalidade, uma força de vida, uma energia, uma vivacidade que é traduzida pelas suas ações, e como há e sempre haverá apenas um você, essa expressão é única.

— Martha Graham

Quando eu tinha 15 anos, anunciei para a minha classe de inglês que iria escrever e ilustrar meus próprios livros. Metade da classe zombou de mim; os outros quase caíram de suas cadeiras de tanto rir.

— Não seja tola. Apenas os gênios podem se tornar escritores — disse o professor de inglês com afetação. — E você vai tirar D este semestre.

Fiquei tão humilhada que comecei a chorar. Nessa noite, escrevi um triste e pequeno poema sobre sonhos destruídos e enviei para o jornal *Capper's Weekly*. Para meu espanto, eles o publicaram e me enviaram dois dólares. Eu era uma escritora publicada e paga. Mostrei ao professor e aos meus colegas. Eles riram.

— Apenas sorte de principiante — disse o professor.

Eu tinha sentido o gosto do sucesso. Eu havia vendido a primeira coisa que escrevi. Isto era mais do que qualquer um deles já tinha feito e, se era apenas "sorte de principiante", estava bom pra mim.

Durante os dois anos seguintes, vendi dezenas de poemas, cartas, piadas e receitas. Quando me formei no colegial (com uma média de notas de C-), tinha um álbum de recortes repleto de trabalhos publicados. Nunca mais mencionei meus trabalhos a meus professores, amigos ou à minha família. Eles eram destruidores de sonhos e, se uma pessoa tiver de escolher entre os amigos e os sonhos, ela deve sempre escolher os sonhos.

Porém, às vezes você pode encontrar um amigo que apóie os seus sonhos.

— É fácil escrever um livro — aquela nova amiga me disse. — Você pode escrever um.

— Não sei se sou tão inteligente — respondi, de repente, sentindo-me de novo com 15 anos e ouvindo o eco das risadas.

— Besteira! — ela falou. — Qualquer um pode escrever um livro, se quiser.

Eu tinha quatro filhos naquela época e o mais velho estava com apenas quatro anos. Morávamos numa fazenda de cabras em Oklahoma, a quilômetros de distância de qualquer coisa. Tudo o que eu tinha para fazer todos os dias era cuidar de quatro crianças, tirar leite das cabras, cozinhar, lavar roupa e cuidar do jardim. Fácil.

Enquanto as crianças tiravam uma soneca, escrevia na minha velha máquina de escrever. Eu escrevia o que sentia. Levou nove meses, como um bebê.

Escolhi uma editora ao acaso e coloquei o original numa caixa de fraldas descartáveis vazia, a única caixa que pude encontrar (eu nunca tinha ouvido falar de caixas para originais). Junto enviei uma carta com os seguintes dizeres: "Eu mesma escrevi este livro. Espero que gostem. Também fiz as ilustrações. Os capítulos 6 e 12 são os meus favoritos. Muito obrigada."

Amarrei a caixa de fraldas com um cordão e a coloquei no correio, sem incluir um envelope selado e endereçado a mim mesma, para resposta, e sem fazer uma cópia do original. Um mês depois, recebi um contrato, um adiantamento dos direitos autorais e uma solicitação para começar a escrever outro livro.

Crying wind tornou-se um *best-seller*. Foi traduzido para 15 línguas e em braile e foi vendido em todo o mundo. Eu participava de programas de entrevistas na TV durante o dia e trocava fraldas à noite. Viajei de Nova York para a Califórnia e o Canadá para promover os livros. Meu primeiro livro também se tornou leitura obrigatória em escolas americanas no Canadá.

Levei seis meses para escrever o segundo livro. Enviei-o em uma caixa de brinquedo vazia (ainda não tinha ouvido falar sobre caixa de originais). *My searching heart* também se tornou um *best-seller*. Escrevi o romance seguinte, *When I give my heart*, em apenas três semanas.

No meu pior ano como escritora ganhei dois dólares (tinha 15 anos, lembram-se?). No melhor, ganhei 36 mil. Normalmente, ganho entre cinco e dez mil dólares. Não, não é o suficiente para se viver, mas é mais do que eu ganharia se estivesse trabalhando em um emprego de meio período e mais do que ganharia se não escrevesse.

As pessoas perguntam que faculdade freqüentei, que diplomas tenho e que qualificações tenho para ser uma escritora. A resposta é nenhuma. Apenas escrevo. Não sou um gênio. Não sou talentosa e não escrevo bem. Sou preguiçosa, não sou disciplinada e passo mais tempo com meus filhos e com meus amigos do que escrevendo.

Eu não tinha um dicionário de sinônimos até quatro anos atrás e uso um pequeno dicionário Webster que comprei no supermercado por 89 centavos. Uso uma máquina de escrever elétrica pela qual paguei 129 dólares, seis anos atrás. Nunca usei um computador. Ainda cozinho, limpo a casa e lavo a roupa de uma família composta de seis pessoas e escrevo nos minutos que sobram. Escrevo tudo à mão em blocos amarelos, enquanto assisto televisão com meus quatro filhos no sofá, comendo *pizza*. Quando um livro está terminado, bato à máquina e envio à editora.

Escrevi oito livros. Quatro foram publicados e três ainda estão nas editoras. Um deles é uma droga.

Para aqueles que sonham em escrever, eu grito: "Sim, você pode! Não dê ouvidos aos outros!" Não escrevo bem, mas contrariei todas as probabilidades. Escrever é fácil, é divertido e qualquer um pode fazê-lo. Claro, um pouquinho de sorte não faz mal a ninguém.

Linda Stafford

Quando os Sonhos não Morrem

Tenha sempre em mente que a sua determinação de ser bem-sucedido é mais importante do que qualquer outra coisa.
— Abraham Lincoln

    Desde que me conheço por gente, sempre fui fascinada pela beleza. Quando eu era uma garotinha rodeada pela paisagem enfadonha dos campos de milho que cercavam Indianápolis, o mundo fascinante da moda e dos cosméticos era uma excelente fuga para mim. Sempre que via os anúncios nas revistas femininas — todas aquelas modelos lindas, com a pele perfeita e muito bem maquiadas, os corpos esculturais realçados com roupas incrivelmente bem talhadas — era arrebatada para lugares exóticos que eu só poderia visitar em sonhos.
    Os anúncios da Revlon eram particularmente maravilhosos. Mas havia apenas um problema — nenhum anúncio naquela época exibia uma mulher negra como eu. No entanto, uma "voz" dentro de mim sussurrava que algum dia o meu sonho se tornaria realidade e eu faria uma carreira na indústria de cosméticos.
    Poucas indústrias se davam ao trabalho de vender cosméticos para mulheres de cor naquele tempo, mas minha inspiração veio de C. J. Walker, a primeira afro-americana que ficou milionária. Ela começou com dois dólares e um sonho, exatamente na minha cidade natal. Fez fortuna na virada do século com sua própria linha de produtos para cabelo, destinados apenas a mulheres como ela.
    Formei-me na faculdade, na área de saúde pública. Logo arranjei um emprego com um dos líderes da indústria farmacêutica — e me tor-

nei a primeira afro-americana a vender produtos farmacêuticos em Indiana. As pessoas ficaram chocadas por eu ter aceitado o emprego, pois uma mulher negra que vendia enciclopédias na minha região havia sido assassinada recentemente. Na verdade, quando comecei, os médicos me olhavam como se eu tivesse duas cabeças.

Porém, finalmente, essa minha singularidade trabalhou a meu favor. Os médicos e as enfermeiras se lembravam de mim e eu revertia a aura negativa, fazendo um trabalho melhor do que o dos outros. Além dos produtos farmacêuticos, vendia também biscoitos e ajudava as enfermeiras a se maquiar. Elas começaram a esperar ansiosas pela minha vinda não apenas pela novidade, mas também porque curtíamos essas visitas.

Em dois anos, quebrei inúmeros recordes de venda e fui apontada como uma Emérita Representante de Vendas, antes um clube exclusivamente masculino e branco. Eu esperava ansiosamente por alguns cheques de comissões duramente batalhadas quando, de repente, a companhia decidiu subdividir a região e contratou um homem loiro e bonito para tomar o meu lugar. Ele iria colher os frutos do meu esforço, enquanto eu era designada para outra área, que precisava de muito trabalho. Nessa altura, meu sonho de fazer uma carreira na área de cosméticos com a Revlon pareceu estar a milhares de quilômetros de distância.

Desencorajada e desiludida, arrumei as malas e me mudei para Los Angeles. Até que, num domingo, enquanto examinava ansiosa os anúncios do *Los Angeles Times*, lá estava ele: um classificado para um emprego de gerente regional da Revlon. Fiquei bastante animada e a primeira coisa que fiz na segunda-feira de manhã foi telefonar para eles. A voz do outro lado disse que, devido ao grande número de respostas, a Revlon não estava aceitando mais currículos.

Fiquei arrasada. Porém, uma amiga muito querida me disse:

— Marilyn, sei que você não vai deixar esse emprego escapar por entre os dedos. Vá lá de qualquer maneira.

De repente, inspirada e determinada a fazer com que o desafio se tornasse uma aventura, peguei o carro e fui até o hotel Marriot, onde estavam entrevistando os candidatos. Quando cheguei, uma recepcionista me disse secamente que de maneira alguma eu poderia ser entrevistada e que o sr. Rick English não receberia o meu currículo. Afastei-me, sorrindo. Pelo menos agora eu tinha o nome do homem que eu precisava ver.

Decidi almoçar para ouvir aquela "voz da sabedoria" que iria me dizer que estratégia adotar. Veio então a idéia de explicar a minha situação para a moça da caixa do restaurante quando eu já estava indo embora. Imediatamente, ela pegou o telefone para descobrir qual era o quarto do Sr. English.

— Quarto 515 — ela disse virando-se para mim. Meu coração começou a bater forte.

Fui até a porta do quarto 515, rezei e bati na porta. Logo que ele abriu a porta, falei:

— O senhor ainda não encontrou a melhor pessoa para o emprego porque ainda não falou comigo.

Ele olhou espantado e respondeu:

— Espere um minuto até eu terminar esta entrevista e falo com você.

Quando entrei no quarto, eu estava determinada que aquele emprego seria meu, e consegui.

Meu primeiro dia de trabalho na Revlon foi como um sonho que se materializava. Eles me contrataram para comercializar uma nova linha de produtos para cabelos, feitos especialmente para pessoas negras. Depois de trabalhar lá por três anos, o público estava começando a exigir produtos naturais, que não são testados em animais.

Com o sentimento público ao meu lado, ali estava a minha chance! Mais uma vez, ouvi a voz da sabedoria dentro de mim. Abri minha própria indústria de cosméticos, que até hoje continua a me dar uma sensação de satisfação indescritível.

Acredito verdadeiramente que nunca devemos abrir mão de nossas esperanças e sonhos. O caminho pode ser árduo, mas o mundo está à espera da contribuição especial que cada um de nós está destinado a dar. O que conta é a coragem para seguir a voz da sabedoria que nos guia lá de dentro. Quando a ouço, não espero nada menos que um milagre.

Marilyn Johnson Kondwani

Debbie Fields Consegue um "Orientamento"

Se um homem escreve melhor um livro, prega melhor um sermão ou consegue fazer uma armadilha de ratos melhor, mesmo que construa sua casa na floresta, o mundo vai fazer fila na sua porta.
— Ralph Waldo Emerson

Debbie Fields está numa festa com o marido, Randy Fields, um renomado economista e analista financeiro. Debbie, de apenas 19 anos, parou de trabalhar para desempenhar o papel de uma dona de casa convencional, e sua auto-estima está em baixa. Os convidados assediam Randy, solicitando seus prognósticos sobre economia. Porém, quando as mesmas pessoas descobrem que Debbie é uma dona de casa, de repente se lembram de conversas urgentes que precisam ter do outro lado da sala. Tratam-na como se fosse um zero à esquerda.

Finalmente, o anfitrião da festa criva Debbie de perguntas. Ela faz o possível para parecer o que realmente não é — sofisticada, urbana, brilhante. Por fim, ele pergunta em um tom exasperado:

— O que você pretende *fazer* da vida?

Nesse momento, com os nervos em frangalhos, ela fala sem pensar:

— Bem, estou tentando obter um orientamento.

— A palavra é *orientação* — retruca o anfitrião. — Não existe essa palavra *orientamento*. Aprenda a usar a sua língua.

Debbie fica arrasada. No caminho de casa chora sem parar, mas toma uma decisão: nunca, nunca, *nunca mais* vai permitir que isso aconteça. Ela não vai mais viver à sombra de ninguém; vai descobrir alguma coisa só dela.

Mas o quê?

Uma coisa que ela adorava fazer era preparar deliciosos biscoitos com pedacinhos de chocolate. Desde os 13 anos testava receitas — acrescentava mais manteiga, colocava menos farinha, experimentava outros tipos de chocolate e aumentava sua quantidade, até que conseguiu uma receita que considerava ideal: macios, amanteigados e tão cheios de pedacinhos de chocolate que, se um mais fosse adicionado, todo o biscoito desmontaria.

Então Debbie tem uma idéia. Vai abrir uma pequena loja e vender seus biscoitos.

— Péssima idéia — os amigos de Randy dizem, com a boca cheia de biscoitos. — Não vai dar certo. — Balançam a cabeça e lambem o restinho de chocolate das mãos. — Esqueça.

Randy tem a mesma opinião; e também as pessoas a quem ela recorre para obter um financiamento.

Apesar disso, às nove horas do dia 18 de agosto de 1977, quando tinha 20 anos, Debbie abriu as portas da *Mrs. Field's Chocolate Chippery* em Palo Alto, na Califórnia. O único problema era que ninguém entrou para comprar biscoitos. Por volta do meio-dia, ela estava desesperada. "Decidi que se eu ia fechar o negócio", ela disse, "pelo menos eu ia fechar em alto estilo." Então ela encheu uma bandeja e começou a andar pela galeria onde ficava a loja, tentando dar os biscoitos. "Ninguém queria pegá-los", disse. Obstinada, foi para as ruas e começou a implorar e a persuadir as pessoas a pegar as amostras.

Funcionou. Depois que provavam, as pessoas adoravam os biscoitos e voltavam à loja para comprar mais. No fim do dia, tinha vendido cinqüenta dólares. No dia seguinte, 75 dólares. O resto é história.

— Devo minha vida à palavra *orientamento* — disse Debbie.

Hoje, Debbie Fields é a presidente e a maior fã dos biscoitos da Mrs. Field, a líder no mercado de lojas de biscoitos assados na hora. Com mais de seiscentas lojas e mil funcionários, as vendas da Mrs. Field Cookies estão na casa dos milhões. Mãe de cinco filhos, Debbie continua a compartilhar sua filosofia com industriais e grupos empresariais de todo o mundo.

Celeste Fremon
da Moxie Magazine

Um Convite à Reflexão

V OCÊ NUNCA VAI SE ENCONTRAR ATÉ QUE ENCARE A VERDADE.
— Pearl Bailey

Eu estava indo bem, dirigindo um escritório regional da companhia Fortune 500 em Denver. Tinha um carro da empresa, ganhava bem, era meu próprio patrão e tinha liberdade para ir e vir como bem entendia.

No entanto, eu me sentia entediado. Estava descobrindo o *stress* de fazer uma coisa que não me prendia a atenção nem me dava prazer. Comecei a chegar ao escritório lá pelas dez horas da manhã e a sair por volta das quatro da tarde, para evitar os horários de pico no trânsito. Tirando duas horas para o almoço, uma hora para o que quer que fosse, estava trabalhando três horas por dia.

Minha mulher sugeriu que eu voltasse a estudar e fizesse uma pós-graduação. Segui seu conselho e meu futuro mudou por completo.

Eu estava bem treinado no mundo dos negócios, satisfeito com minha planilha eletrônica e minha calculadora. Eu achava que as pessoas eram tão diferentes e tão imprevisíveis que parei de me preocupar com elas no meu trabalho e me concentrava apenas em seguir adiante. Entra então em cena Leonard Chusmir, um ex-executivo da Knight-Ridder e um educador formidável. Leonard me ensinou que as pessoas são importantes. Ensinou-me a olhar o drama que existe por trás da vida de cada uma delas. Ajudou-me a enxergar melhor "por que" as pessoas fazem ou deixam de fazer alguma coisa. O poder dos seus ensinamentos não se baseava na habilidade de analisar os outros, mas na habilidade de analisar a si próprio.

Conheci então um professor do turno da noite chamado Bruce Fitch. Ele dirigia o Programa de Desenvolvimento Profissional para a Colorado Outward Bound School, e me convidou para participar de um projeto. Um grupo da "Rolex" estava para chegar — executivos experientes que ganhavam muito dinheiro. Bruce achava que meus conhecimentos na esfera dos negócios ajudariam a complementar a experiência profissional do grupo de alpinismo.

Lá estava eu com um grupo de executivos e gerentes arrojados de uma organização da Fortune 500. Estávamos ao ar livre, numa das regiões mais bonitas do mundo. Andávamos, fazíamos escaladas e nos divertíamos.

Fiz amizade com o executivo que ocupava a posição mais elevada do grupo.

— Quer dar uma volta? — ele perguntou uma noite.

Andamos pela noite clara, repleta de estrelas, com a lua cheia como guia. Eu não podia estar mais satisfeito. De repente, o homem começou a chorar. Seus ombros sacudiam e ele parecia estar desmoronando. Eu entendia de negócios, não do coração humano. Estávamos a quilômetros de distância da base do acampamento e eu não sabia o que fazer.

Depois de algum tempo, ele começou a falar da falta de relacionamento com a mulher, com os filhos e até mesmo consigo próprio.

— Quer saber como é um dia na minha vida? — perguntou. — Quando chego em casa no fim do dia, tomo dois ou três martinis e durmo na frente da televisão; acordo no dia seguinte e começo tudo de novo. Tenho estado morto do pescoço para baixo há tanto tempo que perdi a conta. Pela primeira vez nesta viagem, eu me sinto vivo.

Em seguida, me agradeceu. Aquele homem despertou para a pobreza que sua vida representava. Percebi que era exatamente sobre isso que minhas experiências, meus amigos e minha mulher vinham me falando.

Com essa conscientização, vi-me enfrentando um dilema. Poderia continuar vivendo a minha vida da mesma maneira ou poderia escolher uma vida que fizesse alguma diferença na vida de outra pessoa, como na desse homem.

Hoje, só trabalho com clientes no que eles gostariam de fazer, não no que poderiam fazer. Convido todas as pessoas a refletir sobre isso.

Jeff Hoye

Bendito Toalete!

Não importa o quanto você estude, na hora H você vai ter de confiar mesmo é na sua intuição, e quando ela diminuir, você realmente não vai saber o que fazer até que o faça.
— Konosuke Matsushita

Nossa empresa fornecia técnicos altamente treinados em diversas áreas para outras firmas. Minha chefe, Angela, e eu voaríamos para a costa leste para negociar a renovação de um contrato de dois anos no valor de 26 milhões com nosso maior cliente. De qualquer maneira, seria um dia memorável pois, como representante da área financeira, eu estava diante da possibilidade de garantir meu emprego pelos próximos dois anos ou de ter de encarar a árdua tarefa de procurar outro.

Eu havia mantido vários contatos com o cliente nas semanas anteriores, nos quais eles tinham tentado nos preparar para uma redução nos preços, dizendo que não apenas *não* poderiam pagar o aumento que estávamos pleiteando, mas também que deveríamos reduzir o preço dos nossos serviços espontaneamente. Minha chefe deixara claro para eles que não tinham a intenção de voltar atrás no aumento. Em uma reunião particular, ela me disse que o que tínhamos a fazer era preparar uma breve apresentação justificando o aumento do preço.

Eu não me sentia muito à vontade com essa idéia, pois me lembrava da posição firme do cliente sobre a necessidade de redução dos preços para que continuassem fazendo negócios conosco. Eu temia que no fim acabássemos facilmente 26 milhões mais pobres.

Usando de diplomacia tentei falar sobre esses receios com minha chefe, mas ela estava determinada. Desta vez, ela decidira fazê-los se dobrarem. A imagem que veio à minha cabeça foi de uma bela briga de galo — dessas que espirram sangue pra tudo quanto é lado.

Nossa reunião foi num bonito escritório com mobília de mogno. Angela fez uma rápida apresentação e depois sentou-se ao meu lado na mesa, de frente para os três diretores. As cadeiras estavam dispostas de uma maneira que colocava os dois "times" em lados opostos; isso me fez encolher por dentro.

Depois de trinta minutos de "bate-boca" de ambos os lados, Angela começou a chorar. Eu não podia acreditar. E agora? Eles se desculparam, dizendo que não tiveram a intenção de magoá-la, mas que tinham de defender os interesses do futuro da empresa. Eu podia sentir que se sentiram manipulados por suas lágrimas e estavam sendo educados. Podia ver também que tínhamos levado a pior e que, provavelmente, em breve eu estaria procurando outro emprego.

Perguntei se poderíamos fazer um intervalo de cinco minutos. Todos acharam que era uma boa idéia. Pedi então que Angela me acompanhasse ao toalete.

Lá dentro, perguntei a ela se eu podia tentar uma coisa. Ela respondeu:

— Está bem, nesta altura do campeonato, acho que não faria nenhum mal. Vou sair para tomar um pouco de ar.

Fiquei agradecida pela privacidade de um banheiro naquela hora, pois eu não tinha a menor idéia de como salvar o dia. Apoiei a cabeça nas mãos e rezei. Um professor muito inteligente uma vez me disse que a oração é apenas a consciência pedindo ajuda a si mesma. Depois de passar anos pensando que rezar era coisa de criança, rezei novamente. Foi um alívio tão grande!

Respirei fundo algumas vezes e deixei que minha mente imaginasse toda a cena que estava por vir da maneira como eu gostaria que fosse. O que vi foi eles três de um lado e nós duas do outro, com o coração batendo forte e visível através das roupas. Entendi naquele momento que eu não poderia deixar transparecer esse sentimento. A seguir as pessoas estavam rindo. Isso me fez relaxar, apesar de não conseguir imaginar o que poderia nos fazer rir daquela maneira. De certo modo, eu me sentia bem com a idéia de voltar para o grupo. Percebi que poderia ficar bem, qualquer que fosse o resultado.

Quando nos reunimos, falei sobre alguns detalhes corriqueiros que precisavam ser discutidos. Em determinado momento, enganei-me e disse *popósito*, em vez de *propósito*, e todos caímos na gargalhada. Foi o que quebrou o gelo. Por alguns instantes, éramos todos seres humanos dando risadas. Isso me fez lembrar de que uma das nossas consultoras havia pouco tempo tinha sido convidada por um dos nossos maiores clientes para um passeio em família ao Sea World. Era um casal mais velho a quem ela ajudara a projetar um laboratório. Fizeram amizade e a convidavam para jantar com freqüência; finalmente a adotaram como a filha que nunca tiveram. Nosso cliente ficou muito interessado. Mencionei que essa era apenas uma das inúmeras histórias de como nossos consultores estavam se dando bem, desenvolvendo uma comunidade com seus clientes ao longo do país.

Depois de contar mais algumas histórias, notei que o clima na sala tinha ficado mais leve. Nesse momento, estávamos apenas refletindo sobre momentos agradáveis e todos ali estavam se divertindo.

Então eu ri e disse:

— Vocês não sabiam que estavam financiando reuniões de comunidade e de famílias, sabiam?

O vice-presidente respondeu:

— Marty, se patrocinar reuniões de família me trouxer mais negócios, então eu estou nisso. Por que não volta para o seu escritório e faz os cálculos para mim? Se conseguir provar que substituir o excelente grupo de consultores de vocês vai nos custar mais a longo prazo, eu assino o contrato nas bases atuais. O que acha dessa proposta?

Senti como se um milagre tivesse acontecido. E o mais incrível é que, quando Angela e eu nos reunimos para discutir sobre a viagem, fui promovida a vice-presidente — e ainda por cima recebi um aumento!

Marty Raphael

O *Abraço de um Adolescente*

N ENHUM ATO DE BONDADE, NÃO IMPORTA QUÃO PEQUENO ELE SEJA, É DESPERDIÇADO.
— Esopo

Quinze anos atuando no campo da educação me proporcionaram muitos momentos preciosos. Um dos mais ternos desses momentos aconteceu quando eu dava aulas para a 2ª série do primeiro grau, há dez anos.

No mês de maio, decidi planejar alguma coisa especial para as crianças: um chá no Dia das Mães. Juntamos nossos esforços para ter idéias de como homenagear nossas mães. Ensaiamos músicas, números de mímica e decoramos uma poesia. Fizemos velas artesanais e as acondicionamos em sacolas de papel branco desenhadas à mão e amarramos com lindas fitas. Cada um de nós escreveu e decorou o texto de seu cartão.

Decidimos marcar o chá para a sexta-feira anterior ao dia das mães. Cada criança levou um convite para casa com um RSVP embaixo. Fiquei surpresa e aliviada ao ver que todas as mães planejavam comparecer. Convidei até mesmo a minha mãe.

Finalmente, chegou o grande dia. À uma e quarenta e cinco daquela tarde, todas as crianças ficaram em fila na porta da classe para esperar pelas mães. Quando estava quase na hora de começar, olhei em volta e meus olhos logo encontraram Jimmy. A mãe dele não tinha aparecido e ele parecia aflito.

Peguei minha mãe pela mão e fui até Jimmy.

— Jimmy — eu disse —, tenho um probleminha e estava imaginando se você poderia me ajudar. Vou estar muito ocupada apresentando as músicas e a poesia, e também servindo o ponche. Eu estava pensando se você não poderia fazer companhia para minha mãe enquanto eu estiver ocupada. Você poderia pegar um pouco de ponche e biscoitos para ela e entregar-lhe a vela que fiz quando chegar a hora.

Minha mãe e Jimmy se sentaram à mesa com mais duas crianças acompanhadas das respectivas mães. Jimmy serviu minha mãe, entregou-lhe o presente que eu havia feito e puxou a cadeira para ela se sentar e se levantar como havíamos ensaiado no dia anterior. Sempre que eu olhava, eles estavam conversando animadamente.

Esse dia especial se apagou da minha memória. Agora, dez anos depois, trabalho com alunos de todas as idades, dando aulas sobre o meio ambiente. No ano passado, fui a uma escola para acompanhar os alunos do último ano do colegial a uma excursão, e lá estava Jimmy.

Passamos todo o dia nas regiões áridas de Montana. No caminho de volta apliquei um pequeno teste nos alunos e pedi-lhes que fizessem um relatório sobre os acontecimentos do dia e uma avaliação por escrito sobre a nossa excursão. Recolhi os cadernos e verifiquei se tinham feito tudo o que eu havia pedido.

Quando cheguei na avaliação de Jimmy, vi que ele tinha escrito: "Lembra-se do chá de Dia das Mães que fizemos no 2º ano, dona Nancy? Eu me lembro! Obrigado por tudo o que a senhora fez por mim e obrigado à sua mãe também."

Quando chegamos à escola, Jimmy fez questão de ser o último a descer. Eu lhe disse que tinha gostado muito do que ele havia escrito. Jimmy pareceu embaraçado, agradeceu pessoalmente e se virou para ir embora. Quando o motorista começou a colocar o ônibus em movimento, Jimmy voltou correndo e bateu na porta. Pensei que havia esquecido alguma coisa. Ele entrou correndo no ônibus e me deu um grande abraço.

— Obrigado mais uma vez, dona Nancy. Ninguém percebeu que minha mãe não tinha vindo!

Terminei o dia de trabalho com o abraço de um adolescente que provavelmente já tinha deixado de abraçar professores havia muito tempo.

Nancy Noel Marra

6

Criatividade no Trabalho

*T*ODOS NÓS TEMOS O EXTRAORDINÁRIO CODIFICA-
DO NO NOSSO ÍNTIMO ... ESPERANDO PARA SER DIVUL-
GADO.

— JEAN HOUSTON

Uma Sessão de Quiropraxia

Um sorriso é uma linha curva que endireita todas as coisas.
— Phyllis Diller

Darrin tinha quatro anos de idade. Aquela era a sua primeira visita ao quiroprático. Ele estava apreensivo, como a maioria das crianças quando vão a qualquer médico pela primeira vez.

Aprendi cedo na minha carreira que tentar fazer qualquer tipo de tratamento em crianças, sem antes conquistar sua confiança, resulta em choradeira, correrias e chiliques. Porém, se você ganha a confiança da criança e desenvolve um bom relacionamento com ela, você pode fazer o que quiser, com sua total cooperação. E isso leva apenas alguns minutos.

Uma das técnicas que considero mais eficazes é demonstrar interesse pelo brinquedo favorito da criança. Quando você segura, toca, abraça e acaricia seu brinquedo favorito, você abre a porta para o seu coração. Já fiz milhares de aplicações de quiroprática em ursos de pelúcia, carros de bombeiro, bonecas Barbie, balões e brinquedos quebrados. Tudo o que você imaginar.

Mas a situação de Darrin era diferente. Eu havia dito à mãe dele, Jean, para trazer seu brinquedo favorito quando viessem ao meu consultório; mas quando lhe perguntei o que era, ela disse:

— Ah, dr. Stillwagon, eu não podia trazer aquilo comigo.

— Por quê? — perguntei.

Jean respondeu: — O senhor vai cair de costas, mas o brinquedo favorito de Darrin é o nosso aspirador de pó, daquele tipo que fica de pé, e eu não iria me sentir muito à vontade vindo ao seu consultório com ele.

— Espere um minuto — eu disse. Fui até a sala do zelador, peguei o nosso aspirador de pó e o arrastei pelo corredor até a sala de consultas. A expressão nos olhos de Darrin foi o suficiente para me dizer que nós dois estávamos na mesma sintonia e que poderíamos ficar amigos rapidamente.

Apresentei-lhe o aspirador de pó, estimulando-o a tocá-lo e a brincar com ele enquanto eu tratava de sua mãe.

O exame que nós fazemos envolve o uso de uma unidade portátil de leitura à base de infravermelho chamada Derma Therm-O-Graph, que é usada para monitorar o progresso do paciente. Quando terminei o tratamento de Jean, peguei esse instrumento e o apliquei em todo o aspirador de pó. Em seguida, coloquei o aspirador na mesa de manipulação e simulei uma aplicação de técnica quiroprática nele.

Darrin observava cada movimento que eu fazia. Pedi que colocasse as mãos sobre o aparelho enquanto ele estava na mesa e disse que logo ele iria se sentir melhor.

Darrin foi o próximo. Cheio de confiança, sentou-se na cadeira para que eu o examinasse com o aparelho e depois, sem medo, deitou-se na maca para as devidas aplicações. Sua confiança era total. Tínhamos ficado amigos e, pela primeira vez, apliquei minha técnica de quiropraxia num aspirador de pó.

G. Stillwagon

Fazendo o Bem e Fazendo Bem-Feito

*F*IRMAS EXCELENTES NÃO ACREDITAM EM EXCELÊNCIA — APENAS EM MELHORIAS E MUDANÇAS CONSTANTES.
— TOM PETERS

    A Quad/Graphics é uma das maiores gráficas do mundo. Ela é fruto da imaginação de Harry Quadracci Jr., um gênio natural no campo de auto-aperfeiçoamento dos funcionários. Ele está constantemente à procura de formas melhores, mais rápidas e mais econômicas de fazer negócios, empregando sempre padrões da mais alta integridade.
    Pediram-me que desse um treinamento de quatro dias para cerca de novecentos funcionários da empresa. Como preparação, fiz uma série de entrevistas pelo telefone com um grupo de funcionários selecionados aleatoriamente. Uma das entrevistas mais interessantes foi com John Imes, o gerente de ecologia. Como uma grande gráfica pode produzir uma quantidade enorme de lixo, sua função é lidar com todo o lixo produzido diariamente em cada uma das unidades da Quad/Graphics. John fora contratado havia alguns anos para tentar abaixar os custos decorrentes desse desperdício e fazer com que todas as unidades funcionassem de acordo com os padrões e regulamentos da Secretaria de Proteção Ambiental.
    Ele disse que tinha chegado à seguinte conclusão:
    — Moramos nesta cidade. Qualquer coisa que lançarmos no ar, iremos respirar, assim como nossos filhos. Se poluirmos os rios, todos nós iremos beber suas águas poluídas.

Resolveu, portanto, que a empresa teria de se comprometer a fazer a limpeza. Porém, em sintonia com a política de Harry Quadracci, decidiu também que isso teria de ser uma atividade lucrativa.

Oito anos depois estavam realmente lucrando com os esforços de limpeza! Operavam também em perfeito acordo com a Secretaria de Proteção do Meio Ambiente. A primeira coisa que John fez foi telefonar para o inspetor da Secretaria e convidá-lo para ir à fábrica.

— Quero que o senhor me ajude a fazer com que a gráfica funcione completamente de acordo com as normas de vocês. Como podemos fazer isso juntos?

O inspetor disse que esse tipo de atitude nunca antes havia sido tomada. John lhe disse:

— Quero você aqui comigo todo o tempo. Não quero que sejamos adversários. Eu quero fazer com que esta gráfica, e todas as nossas outras unidades, sejam limpas e eficientes. Vamos nos aliar nesse projeto.

Ao averiguar as várias fontes de poluição em potencial, chegaram à conclusão de que a tinta de impressão era uma das maiores. Descobriram que essas tintas podiam ser feitas com soja como matéria-prima. Até aquela data, as tintas feitas com soja apresentavam vários problemas, o que as tornava inviáveis. John sugeriu que a empresa pesquisasse mais a esse respeito. Poucos anos depois, eles estavam nesse negócio; tinham aperfeiçoado as tintas feitas à base de soja e as estavam vendendo em todo o mundo.

Em seguida, outro avanço. Descobriram que a sobra de papel podia ser usada de muitas maneiras lucrativas. Pouco a pouco descobriram que quase tudo que tinham jogado fora anteriormente podia de alguma maneira ser utilizado — e de forma lucrativa. A quantidade de lixo de cada gráfica foi reduzida de vários barris por dia para menos de meio.

Para John Imes, cada dia se transformou numa oportunidade para fazer alguma coisa vantajosa — não apenas para sua empresa, mas também para a comunidade.

Hanoch McCarty

"Chega pra Lá!"

QUANDO DEMONSTRAMOS AFEIÇÃO E RIMOS COM NOSSOS PACIENTES,
ELEVAMOS SEU POTENCIAL DE CURA AO MÁXIMO, QUE É A PAZ INTERIOR.
— LESLIE GIBSON

A equipe de enfermagem de um hospital próximo estava tendo muito trabalho com o temperamento difícil de um velhinho. Ele se recusava a deixar que qualquer pessoa entrasse no seu quarto e era sempre tão negativo que não conseguiam nem mesmo lhe dar a medicação. Um dia, uma enfermeira muito sensível decidiu pedir a um amigo que fizesse alguma coisa por aquele homem.

Naquela noite, enquanto ele estava deitado em sua cama, com a cara fechada, a porta do quarto pouco iluminado se abriu, devagar. Quando ele olhou na direção da porta, pronto para expulsar quem quer que fosse, ficou espantado com a figura que, em silêncio, olhava fixamente para ele. Não eram os "intrusos" de sempre, mas um palhaço de circo. O personagem, com o rosto reluzente de pintura, aproximou-se rapidamente da cama.

— Chega pra lá! — gritou.

Assustado com a ordem, o velho deslizou para o canto enquanto ele se deitava ao seu lado. Ajeitando os cobertores, o palhaço se acomodou e começou a folhear as páginas de um livro que havia trazido.

— Vou ler pra você — disse. Em seguida, começou: "Jack and Jill foram à montanha buscar um balde de água. Jack caiu e quebrou a cuca e Jill veio tropeçando atrás dele."

O palhaço continuou a ler a coleção da Mamãe Ganso enquanto o velho ouvia atentamente, o corpo se acalmando a cada página. No final da leitura, aquele homem sombrio estava aconchegado junto ao seu visitante brincalhão, com uma sensação de paz que ninguém da equipe de enfermagem tinha presenciado até então. O palhaço beijou o homem na testa e disse adeus.

Nessa noite, serenamente e sem dor, esse paciente passou para a outra vida, refletindo no rosto contentamento e paz.

Jeffrey Patnaude

Sei que o seu computador anda deprimido.
Estou aqui para animá-lo.

Reproduzido com a autorização de Harley Schwadron.

Brandão: Advisor

A FERRAMENTA É NADA, O TALENTO TUDO. NÃO CREDES QUE ALGUÉM DEIXASSE DE SER UM GRANDE PINTOR PELA FALTA DE UMA CAIXA DE TINTAS. UM PEDAÇO DE CARVÃO LHE BASTARIA, COMO A APELES.
— JOAQUIM NABUCO

A fascinação que nos domina sempre que observamos como os animais e plantas se adaptam ou passam por processos de metamorfose para superar circunstâncias adversas no meio em que vivem muito raramente a sentimos em relação à adaptabilidade e criatividade das pessoas em encontrar formas para superar suas deficiências no exercício do trabalho.

Ao iniciar o processo de reestruturação de uma equipe de vendas, num momento em que a reengenharia e a reinvenção eram o modismo predominante, conheci o Brandão, que, na opinião do meu cliente, era citado como padrão do oposto do que desejavam como modelo em sua organização. Formação acadêmica elementar, idade acima do desejável (cansado para a função?), dificuldade para assimilar conceitos técnicos um pouco mais complexos (evidenciada pelas notas baixas nos testes de aferição de conhecimento), encrenqueiro (na verdade, um reivindicador legítimo, como pude constatar mais tarde) e algumas outras características que faziam dele o primeiro da fila... na porta de saída.

Não tomei nenhuma decisão antes que pudesse ter a minha própria avaliação da estrutura e das pessoas envolvidas, até mesmo movido por uma rebeldia natural contra julgamentos absolutos a partir de paradigmas e valores estereotipados. O mais curioso é que, durante o processo de análise da performance da equipe de vendas, fiquei surpreso ao descobrir que algo não "batia". Os melhores resultados de participação de mercado no receituário médico (meu cliente era uma indústria farmacêutica) e o segundo melhor resultado de vendas de toda a equipe pertencia à área de trabalho do Brandão. Curioso, resolvi checar pessoalmente o trabalho que gerava tais resultados.

Coincidentemente, ou dando um crédito à sincronicidade, a empresa estava em processo de lançamento de um produto que requeria para sua promoção conhecimentos científicos de certa complexidade.

Quem tem experiência em vendas deve ter conhecido muitos iguais ao Brandão. Ele era um desses profissionais que se fizeram por conta própria. A ele muito pouco tinha sido oferecido em termos de formação profissional e treinamento, até mesmo em função de requisitos elitizantes de seleção de candidatos a programas de desenvolvimento profissional. O Brandão não era, definitivamente, um *high potential*, um *key element* ou um *talent*, na versão adotada nos dias atuais, desvirtuada, com certeza. O Garrincha se enquadraria na versão *talent* de hoje?

O Brandão, aos 45 anos, era muito educado, amável, jovial, respeitado pelos colegas e portador de uma criança natural interior exuberante.

Pude sentir durante a reunião que seguir o modelo de "Sugestão de entrevista" de vendas recomendado pelo Departamento de Treinamento era um suplício para ele (será que só para ele?). Seu aproveitamento nos testes teóricos era sofrível. Ou seja, com base na realidade virtual de um salão de treinamento, o Brandão desanimava qualquer perspectiva de sucesso. Mas a realidade dos fatos indicava o contrário, pelo que eu havia analisado. Fiquei mais curioso ainda.

Durante o jantar de encerramento da reunião, sentei-me junto ao Brandão e combinamos uma saída juntos a campo, pois eu tinha enorme interesse em aprender com ele os motivos de tanto sucesso. "É fácil, seu Zé. É só a gente deixar a parte complicada com os médicos e a parte de venda pra nóis. Aqui não dá para mostrar porque a gente tem de seguir o Manual." Cada vez mais curioso, eu ainda não conseguira entender a sábia simplicidade do Brandão.

No dia seguinte, pela manhã, saímos a campo. Sete e trinta da manhã, lá estava o Brandão me esperando no hotel. Antes de sairmos, ele explicou durante cinco minutos, com uma clareza que eu nunca tinha visto antes, toda a agenda do dia com os porquês da seleção de clientes e objetivos de cada visita. No trajeto para a primeira visita, durante uns dez minutos ele falou sobre o cliente que íamos visitar primeiro, de quem sabia toda a história, datas de comemorações importantes, etc.

Chegamos. O dr. Gunther, professor catedrático de Medicina, um senhor sério, nos recebeu cordialmente. Após as apresentações de praxe, o Brandão saiu-se com esta:

"Dr. Gunther, acabo de vir de uma reunião de lançamento de um produto muito importante, que vai vender muito, pois atende as necessidades suas e dos seus pacientes, mas muito complicado para mim. Por isso resolvi começar pelo senhor o meu programa de lançamento, pois preciso da sua ajuda para aprender mais e fazer um bom trabalho com os outros médicos, seus colegas."

Brandão tirou o folheto promocional da pasta, abriu nas páginas que continham os gráficos com informações científicas e emendou: "Não consegui entender claramente como este produto funciona. Será que o sr. pode me explicar melhor?"

E durante uns dez minutos o dr. Gunther explicou ao Brandão, usando o folheto promocional, o modo de ação, as características, como usar, precauções, etc., usando marcadores para ilustrar melhor sua explicação e tecendo uma série de comentários favoráveis sobre o produto, comprometendo-se a usá-lo e solicitando amostras para poder fazer a sua própria experiência com o mesmo.

Ficou evidente que o Brandão conseguira realizar a venda. Elogiei-o pela abordagem e pela iniciativa em pedir ajuda para aprimorar o seu conhecimento e suprir as suas deficiências. Todo contente, partimos para a segunda entrevista. Foi então que entendi os "segredos" do Brandão para superar suas dificuldades com o conteúdo complexo das informações. Com pequenas variações na abordagem inicial, adaptada ao perfil de cada cliente para elevar a auto-estima de cada um, ele conseguiu que todos os nove médicos visitados manuseassem o folheto promocional para ajudá-lo a entender um ou outro detalhe que não havia ficado muito claro para ele, Brandão, que, com a maior simplicidade, admitia que "médico não gosta de propagandista que dá aulas... Então, é melhor que eles nos ensinem. Eles se sentem bem..."

Claro que o Brandão é uma exceção. Mas basta uma. Ele alavancava o seu trabalho usando a experiência de alguns anos no seu setor, conhecendo as necessidades de seus parceiros e transformando suas deficiências em forças que sabia usar como poucos.

O Brandão continua a atuar com muito sucesso e tem sido reconhecido pelos resultados que obtém. Na última vez que o encontrei —

já havia terminado o meu trabalho junto ao cliente —, ele estava indo participar, como monitor, de um Programa de Treinamento de Novos Vendedores.

— Oi, seu Zé, agora eu virei... Deixa eu ver aqui no Programa... —, tirou a agenda da pasta e me mostrou: Grupo II. *Advisor*: Brandão.

— Virei *advisor*, seu Zé — me disse na maior simplicidade, com lágrimas nos olhos. Sentiu-se reconhecido após 14 anos de trabalho.

José Vicente da Silva
[Autor nacional]

Procure um Sorriso e Partilhe-o

S<small>E VOCÊ NÃO ESTÁ USANDO SEU SORRISO, VOCÊ É COMO UM HOMEM QUE POSSUI UM MILHÃO DE DÓLARES NO BANCO MAS NÃO TEM NENHUM TALÃO DE CHEQUES.</small>

— L<small>ES</small> G<small>IBLIN</small>

Era uma quarta-feira como outra qualquer. Minha mulher e eu conversávamos em uma clínica de repouso sobre nossa rápida recuperação depois de um ataque cardíaco. Mais tarde, uma das internas, Miriam, perguntou se podíamos conversar por alguns minutos.

— Sempre pensei que, para ser feliz, eu precisava de três coisas: alguém para amar, alguma coisa para fazer e algo pelo qual esperar ansiosamente. Aqui tenho pessoas para amar e as atividades me mantêm tão ocupada quanto eu gostaria, mas não existe nada que eu deseje ansiosamente. Vocês têm alguma idéia?

— O que você gostava muito de fazer antes de vir para cá? — perguntamos.

— Ah, eu adorava dar risada com outras pessoas — Miriam respondeu.

— Sobre o que vocês riam? — perguntamos.

— Sobre tudo que eu podia ver, ouvir, provar ou cheirar — ela disse, sorrindo.

Exatamente nesse instante, tivemos a idéia de iniciar nosso projeto. Começamos a procurar coisas engraçadas e usamos toda a nossa sensibilidade.

Começamos com um pôster que dizia: *A vida é importante demais para ser levada a sério.* Encontramos um *button* com os dizeres: *Aproveite a vida. Isto não é um treino.* Em um saquinho de chá, havia a mensagem: *Você é como este saquinho de chá... só na água quente percebe como é forte.*

Continuamos a procurar e encontramos charges, vídeos e fitas repletas de humor. As pessoas nos traziam adesivos de carro, desenhos, livros, jogos, histórias em quadrinhos e revistas. Montamos cestas de humor com livros, fitas, cartões de cumprimento e brinquedos para crianças de todas as idades. Os bichos de pelúcia eram muito populares, seguidos pelas molas em espirais e também por aquelas bolinhas de borracha macias cheias de "cabelinho". Nenhuma cesta estava completa sem as bolhas de sabão.

É claro que montamos uma cesta para Miriam, a mulher que tinha nos inspirado nesse projeto. Ela disse que o ponto alto do dia era quando mostrava o conteúdo da cesta para os outros: internos, visitantes... qualquer pessoa que ela visse. Alguém disse que o que ela estava fazendo era procurar um sorriso e dividi-lo com os outros. Portanto, este foi o nome que demos ao nosso projeto: "Procure um Sorriso e Partilhe-o com Outras Pessoas."

O projeto fez tanto sucesso que outras instituições ficaram sabendo e fizeram pedidos especiais.

Uma nos pediu para fazer um carrinho de humor, como um carrinho de compras. Voluntários o empurravam pelos corredores, trocando sorrisos e gargalhadas com os internos. Outra pediu que planejássemos um quarto de humor, completo, com videocassete para exibir filmes engraçados. Logo as famílias dos internos começaram a doar seus vídeos favoritos como As *videocassetadas do Esporte*, *Topa Tudo por Dinheiro* e programas humorísticos.

O que começou como um simples gesto para ajudar uma velhinha, transformou-se num projeto de toda uma vida.

Miriam já passou desta para a melhor, mas da última vez que a vimos havia uma placa na porta do seu quarto com os seguintes dizeres: *Feliz é a mulher que pode rir consigo mesma. Ela nunca vai deixar de se divertir.*

John Murphy

O nome Miriam é um pseudônimo.

Seu Tempo Acabou

O TEMPO PRESENTE TEM UMA VANTAGEM SOBRE TODOS OS OUTROS — ELE É SÓ SEU.
— Charles C. Colton

Ele era o presidente de uma das maiores agências de publicidade e eu um jovem consultor administrativo. Eu havia sido indicado por um de seus funcionários que tinha visto meu trabalho e achou que eu tinha algo a oferecer. Eu estava nervoso. Nesse estágio da minha carreira, não era sempre que eu tinha a oportunidade de falar com o presidente de uma companhia.

A reunião estava marcada para as dez da manhã e deveria durar uma hora. Cheguei cedo. Às dez horas em ponto fui levado a uma sala grande e arejada, com móveis estofados de um amarelo vivo.

As mangas de sua camisa estavam dobradas e a expressão de seu rosto era severa.

— Você tem apenas vinte minutos — falou rudemente.

Fiquei sentado ali, sem dizer uma palavra.

— Eu disse que você tem apenas vinte minutos.

Novamente nem uma palavra.

— Seu tempo está se esgotando. Por que não diz nada?

— Os vinte minutos são meus — respondi. — Posso fazer o que quiser com eles.

Ele deu uma gargalhada. Depois disso, conversamos por uma hora e meia. Consegui o emprego.

Martin Rutte

Visão Poética

Nós próprios somos criações, portanto, temos de continuar a criação sendo criativos.
— Julia Cameron

Nossa organização, a Associação Meteorológica da Nova Zelândia Ltda., tinha acabado de passar por um período de grandes mudanças. De um órgão do governo, ela se transformou numa próspera empresa de previsão do tempo independente e em expansão. Não tínhamos modelos a seguir e estava bem claro para nós que o que a nossa organização precisava era da força de uma visão em comum.

Quando ela fazia parte do governo, a ordem era reduzir os custos, informatizando tudo o que aparecesse pela frente. Isso acontecia principalmente na sala de previsões meteorológicas. Embora nesse setor os métodos de trabalho não tivessem sofrido muitas mudanças desde que nos desligamos do governo, decidimos mudar nossa filosofia de trabalho. Deixamos claro que eram as pessoas e não os computadores que estavam encarregados do processo de previsão do tempo, com a ajuda de bons sistemas e equipamentos. Ainda não tínhamos colocado essa filosofia em prática e havia chegado a hora de definir uma visão comum para o processo de previsão.

Portanto, depois de cansativos debates e de termos esgotado as discussões sobre as questões fundamentais, algumas palavras firmes vieram à tona — bonitas, mas pouco estimulantes.

Um serviço de previsão que explora a informação com habilidade e técnicas eficazes num ambiente inspirador, para benefício dos clientes.

Enquanto estávamos reunidos ao redor da mesa, administradores, professores e meteorologistas, lutando para encontrar uma maneira de comunicar nossa visão para o resto da companhia, um homem chamado Marco limpou a garganta e leu:

Nossas previsões meteorológicas,
Usando técnicas pra lá de excelentes,
Feitas em ambiente inspirador
E critérios que não dispensam o rigor,
Cativam cada vez mais nossos clientes.

Silêncio. Alguém pegou o papel de Marcos e copiou esses dizeres no quadro. A gargalhada foi geral, e também gritos entusiasmados de "É isso aí!"

Ainda rimos quando comentamos o fato. Até os diretores riram. E as mudanças estão ocorrendo, sempre compatíveis com essa filosofia. No momento, estamos nos transformando de uma organização maçante e adequada numa organização divertida e eficiente!

John Lumsden

7

Superando Obstáculos

Nosso dever como homens e mulheres é agir como se nossos talentos não tivessem limites.
— Pierre Teilhard de Chardin

Como Chamar a Atenção Deles

N<small>ADA ACONTECE SEM QUE ESPÍRITOS EXUBERANTES TENHAM AJUDADO
A CRIAR.</small>
— N<small>IETZSCHE</small>

Há muitos anos eu era diretora da Lansing — Escola de Enfermagem, Educação e Saúde da faculdade de Bellarmine em Louisville, no Kentucky. A escola ficava no alto de uma colina e todos os outros prédios administrativos e acadêmicos ficavam em outra.

Um dia, no fim de janeiro, tivemos uma forte tempestade de gelo seguida de neve. A equipe de manutenção da propriedade fez um trabalho de primeira ao limpar a parte principal do campus, mas se "esqueceu" da nossa colina e da Lansing. Quando cheguei ao escritório, tive de enfrentar duzentos estudantes furiosos, doze professores histéricos e quatro funcionários. Nem a área da faculdade nem o estacionamento haviam sido limpos.

Eu tinha dois desafios imediatos à minha frente: fazer com que a colina fosse limpa e diminuir o nível de *stress* de todos os envolvidos. Eu já tinha enfrentado situação semelhante dois meses antes; quando chamei o escritório da zeladoria, disseram-me que atenderiam à nossa solicitação quando pudessem.

Dessa vez, pedi à minha secretária um formulário de solicitação de compra e um de requisição de cheques. Em seguida, preenchi à máquina uma solicitação de compra na Suíça de um elevador mecânico de esquis. Eu não sabia quanto custava um pequeno elevador de esquis, então coloquei seiscentos mil dólares. Calculei que poderia arranjar alguma coisa com essa quantia. Depois requisitei sessenta mil dólares a título de depósito. Até hoje não tenho a mínima idéia do procedimento necessário para uma compra dessas, mas não importa — era tudo invenção minha.

Tirei cópias dos formulários e afixei por toda a escola. Em seguida, entreguei pessoalmente essas falsas requisições no escritório do vice-presidente executivo, pois ele era a autoridade máxima do departamento de serviços gerais. Informei sua secretária de que era muito importante e que precisava de uma resposta o mais breve possível.

Alguns minutos depois de ter voltado ao meu escritório, recebi um telefonema furioso.

— Você ficou maluca? — esbravejou o vice-presidente executivo. — Não temos dinheiro para comprar isso! Quem a autorizou a encomendar um elevador de esquis?

— O presidente — respondi docilmente.

Disseram-me que ele bateu o telefone, precipitou-se corredor afora com a requisição na mão, irrompeu na sala do presidente e exigiu:

— Você autorizou isso?

O presidente, que me conhecia muito bem, leu calmamente a ordem de compra e disse:

— Você não limpou a neve da entrada do prédio dela, limpou?

— Por que ela simplesmente não disse isso? — o vice-presidente gaguejou.

O presidente riu: — Mas ela conseguiu chamar a sua atenção, não foi?

Dez minutos depois havia máquinas limpa-neve e caminhões de sal na nossa colina. Todos estavam nas janelas, rindo e aplaudindo.

Ann E. Weeks

Atitude é Tudo

Jerry era o tipo do sujeito que a gente adora odiar. Estava sempre de bom humor e tinha sempre algo otimista para dizer. Quando alguém perguntava como estava, costumava responder:

— Melhor impossível!

Era um administrador sem igual, pois vários garçons o seguiam por todos os restaurantes que passava, isso por causa de suas atitudes. Era um motivador nato. Se algum empregado estava tendo um dia ruim, lá estava Jerry mostrando a ele o lado positivo da situação.

Observando seu estilo, fiquei curioso e, então, um dia, fui até ele e perguntei:

— Eu não compreendo! Você não pode ser uma pessoa pra cima, positiva, todo o tempo. Como consegue isso?

Jerry respondeu:

— Todas as manhãs, quando acordo, digo a mim mesmo: "Jerry, hoje você tem duas opções. Pode escolher entre ficar de bom ou de mau humor." Escolho ficar de bom humor. Todas as vezes que algo ruim acontece posso escolher entre ser a vítima ou aprender alguma coisa com a experiência. Escolho aprender com a experiência. Sempre que alguém me procura para se lamentar, posso escolher entre aceitar suas queixas ou mostrar-lhe o lado positivo da vida. Escolho o lado positivo.

— Certo, mas não é tão fácil assim — protestei.

— É sim — disse Jerry. — A vida é feita de escolhas. Depois que você corta tudo o que não serve, toda situação é uma escolha. Você escolhe como vai reagir a cada situação, como as pessoas vão afetar o seu humor. Escolhe entre ficar de bom ou de mau humor. O importante é que você é quem decide como viver a sua vida.

Pensei muito sobre o que ele disse. Logo depois, decidi abandonar a indústria de restaurantes e começar meu próprio negócio. Apesar de termos perdido o contato, eu sempre pensava nele quando fazia alguma escolha na vida em vez de reagir a ela.

Anos mais tarde, fiquei sabendo que Jerry fizera algo que nunca se faz no ramo de restaurantes. Certa manhã, deixou a porta dos fundos aberta e foi assaltado por três ladrões armados. Nervoso, com as mãos trêmulas, não conseguiu acertar a combinação do cofre. Os ladrões entraram em pânico e atiraram nele. Por sorte, Jerry foi encontrado com certa rapidez e levado às pressas para o hospital. Depois de uma cirurgia que durou 18 horas e semanas de tratamento intensivo, Jerry teve alta ainda com fragmentos das balas no corpo.

Encontrei-o cerca de seis meses depois do acidente. Quando lhe perguntei como estava, respondeu:

— Melhor impossível! Quer ver minhas cicatrizes?

Não quis vê-las, mas perguntei-lhe o que havia passado pela sua mente durante o assalto.

— A primeira coisa que passou pela minha cabeça foi que deveria ter trancado a porta dos fundos — respondeu. — Depois, enquanto estava deitado no chão, lembrei-me de que tinha duas opções: eu poderia optar por viver ou por morrer. Optei por viver.

— Você não ficou com medo? Ficou inconsciente? — perguntei.

Jerry continuou: — Os paramédicos foram ótimos, diziam o tempo todo que eu ia ficar bom. Mas quando me levaram para o pronto-socorro e vi a expressão no rosto dos médicos e das enfermeiras fiquei morrendo de medo. Podia ler em seus olhos: "É um homem morto." Eu sabia que era preciso agir.

— O que você fez? — perguntei.

— Bem, havia uma enfermeira grande e forte que me crivava de perguntas — disse Jerry. — Ela perguntou se eu era alérgico a alguma coisa.

— Sou — respondi. Os médicos e as enfermeiras pararam de trabalhar e esperaram a minha resposta. Respirei fundo e gritei: — Balas! — Enquanto eles riam, eu lhes disse: — Estou optando por viver. Operem-me como se eu estivesse vivo e não morto.

Jerry viveu graças à perícia dos médicos, mas também por causa de sua espantosa atitude. Aprendi com ele que todos os dias temos a chance de optar por viver plenamente. Atitude, afinal de contas, é tudo.

Francie Baltazar-Schwartz

Educação Sempre!

A EDUCAÇÃO É SIMPLESMENTE A ALMA DE UMA SOCIEDADE, PASSANDO DE UMA GERAÇÃO PARA OUTRA.

CHESTERTON

Existem coisas que gostamos de fazer e que, de certa forma, nos dão maior prazer que as outras. Eu, por exemplo, gosto de estudar e de ver as pessoas estudando. Tudo o que eu posso fazer nesse sentido eu faço sem esforço algum. Acho que essa não é a minha missão nesta terra, porém eu acredito que essa é uma dentre as minhas muitas obrigações.

Recentemente, fui trabalhar em Uberlândia, Minas Gerais. Lá eu tinha uma equipe de aproximadamente quarenta pessoas, dentre elas, muitas mulheres casadas e há muito tempo na empresa, a maioria ocupando cargos de auxiliar de "alguma coisa", mas poucas ocupando o cargo de analista financeiro, que exige curso superior. São pessoas sensíveis, competentes, muito inteligentes, mas sem formação específica, e que de certa forma sempre estão expostas a situações de ameaça de perda de emprego, pois na companhia é mais valorizado o diploma que o conhecimento ou habilidades adquiridas ao longo de muitos anos. Não estou fazendo nenhuma campanha contra qualquer tipo de diploma; estou tentando resgatar o imenso valor que é o CONHECIMENTO, que no mundo ocidental é descartável e muito fácil de ser colocado nas latas de lixo.

Essas pessoas sofrem em silêncio com o fantasma do desemprego, que no país inteiro é um problema sério e que em Uberlândia tende a ser mais complexo, pois essa cidade mineira não é um mercado dos mais desenvolvidos. A empresa em que eu trabalhava abusava do *mar-*

keting político e adotou um belo discurso progressista, voltado para a educação, mas na prática suas ações eram dirigidas aos poucos "eleitos da corte", ficando os funcionários menos abastados entregues à sua própria sorte, vitimados pelo *stress* dos discursos ameaçadores da diretoria, encabeçada pelo poderosíssimo "Diretor de Recursos Humanos", que de tanto falar sem agir não conseguia mais distinguir o relato do fato.

Nas minhas avaliações com o meu pessoal, eu sempre chamava a atenção para o fato de que eles precisavam estudar, ou voltar a estudar, não por causa da empresa, mas por eles mesmos, como forma de crescimento contínuo como pessoas. Numa dessas avaliações, duas funcionárias, Maria Abadia e Suely, me deram prova da ressonância das minhas palavras, principalmente a Maria Abadia que, quando eu iniciei o assunto, foi prontamente falando: — Olha, chefe, se eu tiver de estudar para ficar na empresa, pode me mandar embora agora, pois eu tenho uma filha e não estou pensando em voltar a estudar. Faz um tempão que eu parei de estudar. Eu não sei nada para prestar vestibular, etc.

Ouvindo essa declaração de "abandono" consciente da enorme corrente que existe entre os funcionários de todas as organizações, que dizem precisar voltar a estudar, falar inglês, aprender informática, etc., mas que na verdade não se movem em direção alguma, fui logo dizendo: — Primeiro, você não deve estudar para a empresa. Estude para você mesma. Segundo, se achar importante, estude para poder participar mais diretamente do desenvolvimento de seus filhos, pois eles precisarão muito da sua ajuda.

Isso imediatamente fez a conversa mudar de tom e de ritmo. No mesmo instante Maria Abadia se descontraiu, sorriu e contou-me sobre o orgulho manifestado por sua filha ao ouvi-la "disparar" uma ou duas palavras no seu inglês "roubado" ou aprendido nas reuniões de trabalho das quais participava.

Depois de muita conversa, Maria Abadia e Suely se decidiram a prestar vestibular apenas para ver como é que se saíam, pois achavam que não tinham a menor chance de serem aprovadas. Apenas por esse fato, eu me senti muito feliz e não hesitei em protocolar, mais uma vez, meu apoio total para que elas conseguissem alcançar mais esse objetivo. Algumas semanas depois, fiquei mais feliz ainda ao saber que ambas haviam passado e que estavam dispostas a fazer qualquer sacrifício para concluir o curso universitário.

Essa é a minha forma de "passar adiante" algo que eu recebi e a que dou um valor imenso, a tão surrada e abandonada educação, pois foi com ela que consegui sair de um canavial e chegar ao cargo de executivo em grandes grupos empresariais.

Júlio Morsoletto
[Autor nacional]

Reproduzido com a autorização da Harley Schwadron.

Assumindo o Comando!

Há muitos anos, houve um grande incêndio numa refinaria de petróleo. As chamas chegavam a dezenas de metros de altura. O céu estava coberto de fumaça preta. O calor era fortíssimo — tão forte que os bombeiros tiveram de estacionar os caminhões a uma quadra de distância e esperar que diminuísse antes que pudessem começar a lutar contra o fogo. No entanto, o fogo estava quase fora de controle.

De repente, um carro de bombeiros, vindo de longe, desceu a rua a toda velocidade e, cantando os pneus, parou em frente ao incêndio. Os bombeiros saltaram e começaram a lutar contra as chamas. Quando os outros, estacionados a uma quadra de distância, viram isso, pularam para dentro de seus caminhões, dirigiram-se até lá e começaram também a combater o fogo. Como resultado desse esforço conjunto eles conseguiram, com dificuldade, controlar as chamas.

As pessoas que viram este trabalho de equipe pensaram: "Meu Deus, o homem que dirigiu o primeiro carro de bombeiros — que coragem!" Decidiram então dar-lhe um prêmio especial em reconhecimento de sua valentia ao assumir o comando.

Durante a cerimônia, o prefeito disse:

— Capitão, gostaríamos de prestar-lhe uma homenagem pelo seu fantástico ato de bravura. O senhor evitou a perda da propriedade e talvez até mesmo a perda de vidas. Gostaria de alguma coisa em especial — qualquer coisa?

Sem hesitar, o capitão respondeu:

— Excelência, um novo jogo de freios seria ótimo!

Mike Wickett

Os Fantasmas

O QUE PRECISAMOS É QUE MAIS PESSOAS SE ESPECIALIZEM NO IMPOSSÍ-VEL.
— THEODORE ROETHKE

No inverno de 1963, quando tinha 23 anos, eu servia na marinha americana como oficial do Centro de Informação de Combate, a bordo de um destróier, o *USS Eaton*.

Um dia depois de deixar o cabo Hatteras, um furacão vindo da costa começou a dar sinais de vida. Logo depois, ele caiu sobre nós. Castigou-nos por três dias e, num determinado momento, quase me lançou ao mar. Vomitei todo esse tempo. Então, em 29 de novembro, ele passou. Passamos todo o dia tentando nos recuperar e fazendo reparos no navio.

No dia seguinte, um avião *Phantom* caiu no mar. Eu pretendia trabalhar como piloto da marinha e voar em aviões desse tipo. Porém, no ultimo ano da faculdade foi constatado que eu não tinha 100% de visão no olho esquerdo, e meus sonhos de me tornar um piloto da marinha foram por água abaixo. Alguém me disse que eu ainda poderia voar se me tornasse um operador de sistemas: a pessoa que fica atrás do piloto e opera o radar que detecta ataques. Pareceu-me uma ótima idéia, até que soube que esse operador também é responsável por toda a comunicação via rádio.

Veja bem, o problema — *o segredo* — é que eu era gago. As palavras que eu tinha mais dificuldade de pronunciar eram aquelas que começavam com t, b, k e g. Eu vivia com um medo crônico de gaguejar. Decidi evitar a grande vergonha de ser requisitado a operar a comunicação de rádio de um jato e me arriscar em um destróier, onde tinha esperanças de não ter de falar tanto.

Claro, a marinha, com sua infinita sabedoria, me transformou em um controlador de vôo. Foi assim que, poucas semanas depois de terminar meu treinamento, exausto depois de um furacão, estava de vigília no meio da noite quando ouvi uma voz longe no rádio.

— Hermit — disse a voz —, aqui é Climax em pessoa. Câmbio.

"Hermit" era a senha do meu navio. "Climax" era a senha do mais fantástico navio da esquadra, o porta-aviões *USS Enterprise*, o navio-capitânia do pelotão de batalha que estávamos escoltando através do Atlântico. "Climax em pessoa" era o capitão do *Enterprise*. Meu coração disparou.

— Hermit, acabamos de perder um Foxtrot Quatro na sua rota — ele disse. — Dois homens estão desaparecidos.

Tradução: O jato *Phantom* havia caído no mar e nosso navio estava sendo nomeado naquele momento como coordenador dos trabalhos de busca, por estarmos mais próximos da última posição de que se tinha tido notícia do avião. Isso significava que eu deveria coordenar a busca.

Teria sido difícil encontrar uma palavra que eu tivesse mais dificuldade de pronunciar do que "Climax". E eu, recém-saído da Escola de Controle de Tráfego Aéreo, nunca tinha sido responsável por um avião de verdade na minha vida. No entanto, com uma determinação que nasceu da imagem assustadora de duas almas lá fora naquela água fria, peguei um lápis de cera, coloquei os fones de ouvido e sentei-me na mesa de radar.

Quando nos formamos na Escola de Controle de Tráfego Aéreo, eles nos disseram que, provavelmente, nunca teríamos de controlar mais do que quatro ou cinco aeronaves ao mesmo tempo. No entanto, naquele momento eu estava me comunicando com 15 ou 20 aviões, todos convergindo perigosamente para o centro do meu raio de ação. As vozes começaram a chegar, na noite escura, no jargão casual, relaxado e sob pressão típico dos pilotos da marinha.

— Ei, Roger, Hermit, aqui é Climax dois-três. Estou rebocando o dois-quatro e o dois-cinco. Solicito orientação. Câmbio.

O diálogo continuou no mesmo tom por quase 24 horas.

Depois de três ou quatro horas de sufoco, me dei conta de que eu não estava gaguejando. E mais: eu não tinha sequer pensado nisso. Nunca vou esquecer a sensação de espanto, entusiasmo, alegria e gratidão que tomou conta de mim naquele momento. Ocorreu-me que naquela situação eu simplesmente não tinha "autorização" para gaguejar — não com aqueles caras lá embaixo dependendo de mim. Várias vezes fiquei emocionado com a consciência de que aquela era certamente uma experiência espiritual, uma guinada na minha vida, uma libertação do cativeiro, um momento de renascimento.

Como o único controlador de vôo do nosso pequeno navio qualificado a controlar jatos, tive de ficar no meu posto durante toda a noite e ainda o dia e a noite seguintes.

Quando amanheceu o outro dia, um dos aviões de busca conseguiu captar o sinal de um sinalizador de emergência — mas encontrou apenas pedaços do capacete do oficial e o assento ejetor. Porém, um pouquinho depois, outro avião na vizinhança avistou o piloto boiando nas ondas. Avançamos em direção ao avião, mas o próprio Climax enviou um helicóptero do *Enterprise* para resgatar o piloto e me chamou pelo rádio para dizer:

— Bravo Zulu, Hermit.

Esta é a expressão que a marinha usa para se referir a um trabalho "bem-feito!"

Chegamos na vizinhança logo depois do helicóptero e da equipe de salvamento. Enquanto o piloto era colocado no suporte para ser içado, de alguma maneira ele enviou uma mensagem para o nosso navio. A voz do nosso capitão soou através do auto-falante.

— Senhor Scherer, vá para a ponte! Tem um cara aqui fora que quer vê-lo.

O sol estava nascendo quando subi depressa a pequena escada. O helicóptero pairava a cerca de sete metros acima do mar, o piloto estava começando a subir.

Olhamos um para o outro sobre a água. Sorri, acenei com a mão e fiz sinal de positivo com o polegar. Pendurado no guincho, um pouco antes de desaparecer dentro do helicóptero, o piloto olhou pela última vez, compenetrado, e em seguida fez uma continência. De pé no convés oscilante do *Eaton*, respondi sua continência e chorei. Eu o ajudei a encontrar o seu fantasma e ele sem saber me ajudou a encontrar o meu.

John Scherer

Para Ficar Motivado

No início, uma idéia nova é sempre condenada, depois descartada como trivial, até que finalmente se transforma no que todo mundo conhece.
— WILLIAM JAMES

— Isso nunca funcionaria na nossa empresa! — exclamou Jeff. — Vendemos equipamentos médicos e este é um mercado difícil. Nosso pessoal de vendas não dispõe de mais que 10 a 15 minutos em cada visita aos médicos e eles têm que ser firmes e andar rápido.

Jeff, que participava de um dos meus seminários de gerenciamento de vendas, estava reagindo à minha sugestão de que os gerentes deveriam explorar maneiras de fazer com que o pessoal de vendas ficasse motivado. Eu havia mencionado algumas atividades relacionadas com a preparação antes do contato com o cliente, como ler o capítulo de um livro de auto-ajuda, ouvir uma fita inspiradora no carro ou ser positivos.

— Estou lhe dizendo: essa abordagem não vai funcionar no nosso ramo — repetiu.

Porém, dez dias depois recebi um telefonema de Jeff, convidando-me para falar no encontro anual de vendas da sua companhia. Ele me alertou novamente para as dificuldades do mercado e comentou como seus vendedores estavam calejados.

Correu tudo bem durante a apresentação e achei que a equipe de vendas de Jeff era, em muitos aspectos, semelhante às outras com as quais eu trabalhava. Ele estava certo a respeito de uma coisa: os vendedores estavam um pouco tensos e sempre na defensiva.

Quando comecei a discutir algumas idéias que poderiam usar para ficar mais concentrados e motivados, Jeff virou os olhos. Eu podia ler seus pensamentos: "Oh, não! Isso nunca vai funcionar!" O grupo ficou um pouco inquieto quando os desafiei a pensar sobre um programa de medidas positivas.

Perguntei se algum dos presentes tinha algum "truquezinho" para se preparar antes de uma visita. Do fundo da sala, Bruce levantou a mão.

— Eu tenho.

O silêncio foi total. Bruce era o vendedor mais novo da equipe — tinha se juntado a eles havia poucos meses — e estava deixando todos pra trás. Era o melhor vendedor da companhia.

— Fico muito nervoso antes de uma visita — disse. — Tenho medo de estragar tudo. Então sigo uma pequena rotina antes de cada entrevista.

— Pode nos falar sobre isso? — perguntei.

— Claro! — disse. — Fico sentado no carro durante alguns minutos e faço um exercício respiratório. Posso mostrá-lo a vocês?

Bruce colocou a cadeira onde todos pudessem ver, sentou-se e descreveu como ele inspirava profundamente o ar puro que subia desde a sola dos pés e percorria as pernas indo até os pulmões. Em seguida expirava o ar viciado, impuro, retirando toda a tensão e o nervosismo do corpo. Ele substituía toda essa tensão por uma energia positiva até que o ar que saía se tornasse puro também. Ele inspirava e quando soltava o ar emitia um sonoro "Ummmm..." Repetiu esse processo várias vezes e depois disse:

— Bem, é isso que eu faço.

Ninguém disse nada. Olhei para Jeff, que parecia a ponto de desmaiar. "Não se atreva a falar nada sobre o que eu disse", a expressão do seu rosto me dizia. Eu adoraria ter dito: "Ah, Ha! Eu não disse?" Na realidade, nunca toquei nesse assunto com ele, mas acho que ele entendeu a mensagem.

Agradeci a Bruce e perguntei se alguém mais fazia algo de especial para se preparar para uma visita. David, o segundo vendedor de destaque da companhia e o responsável pelo território de Manhattan em Nova York — o "território mais difícil" — levantou-se. Ele disse que ouvia uma determinada sinfonia de Mozart no CD *player* do carro para ajudá-lo a relaxar, concentrar-se e "estimular confiança e determinação dentro de mim mesmo". Em seguida, outros dois participantes compartilharam com os colegas o que faziam para se preparar para uma visita de vendas.

Cerca de um ano depois, recebi uma carta do presidente da companhia de Jeff descrevendo o aumento das vendas desde o encontro e agradecendo a minha contribuição. Ele mencionou algumas técnicas de vendas que eu havia apresentado, mas estou convencido de que as lições mais importantes desse encontro, e aquelas que mais acrescentaram, vieram dos próprios participantes.

Mike Stewart

Reproduzido com a autorização de Randy Glasbergen.

Crédito, não Caridade

As grandes coisas são feitas por pessoas que têm grandes idéias e saem pelo mundo para fazer com que seus sonhos se tornem realidade.
— Ernest Holmes

O Banco Grameen começou no bolso de um homem, o dr. Mohammad Yunus. Sua história tem início em 1972, um ano depois que Bangladesh venceu a guerra que libertou o país do Paquistão. O dr. Yunus tinha se formado havia pouco tempo na Universidade Vanderbilt, nos Estados Unidos, e estava lecionando numa faculdade do Tennessee quando foi convidado para chefiar o departamento de economia da Universidade de Chittagong, no sudeste de Bangladesh.

Ele chegou a sua terra natal cheio de esperanças por causa da independência. Todavia, para sua surpresa, o país estava afundando rapidamente. Até 1974, havia muita fome e as pessoas morriam nas ruas. O dr. Yunus ensinava desenvolvimento econômico e estava cada vez mais frustrado com a discrepância entre o que era ensinado em sala de aula e o que acontecia lá fora. Por causa disso, decidiu aprender a economia do mundo real, a economia que fazia parte do dia-a-dia das pessoas.

A Universidade de Chittagong situa-se no meio de aldeias e o dr. Yunus podia sair do campus e conhecer a verdadeira Bangladesh. Começou a ir às aldeias e conversar com as pessoas pobres, tentando descobrir por que elas não conseguiam mudar suas vidas ou sua condição de vida. Não se aproximava delas como professor ou pesquisador, mas como um ser humano, um vizinho.

Um dia, encontrou uma mulher que ganhava apenas dois centavos por dia, fazendo banquetas de bambu. Ele não podia acreditar que alguém pudesse trabalhar tanto e ganhar apenas dois centavos por dia. Quando lhe perguntou, descobriu que ela não tinha dinheiro suficiente para comprar o bambu na loja; portanto, tinha de tomar emprestado com o comerciante, o mesmo que comprava o produto final. Quando o comerciante comprava as banquetas, ele oferecia um preço que mal cobria o material. Resumindo, o trabalho era quase de graça; ela trabalhava como uma escrava.

"Bem", pensou, "isso não é difícil de resolver." Se ela tivesse dinheiro para comprar o bambu, poderia vender o produto onde pudesse obter um bom preço. O dr. Yunus e um estudante percorreram a aldeia durante vários dias para descobrir se havia outras pessoas como ela que estavam pegando dinheiro emprestado com comerciantes e deixando de ganhar o que era de direito. Em uma semana fizeram uma lista de 42 pessoas. A quantia necessária para todas elas era de sessenta dólares.

A solução imediata foi tirar os sessenta dólares de seu próprio bolso. Pediu aos alunos que distribuíssem o dinheiro entre essas pessoas, como um empréstimo. Todavia, ele percebeu que essa não seria uma boa solução, pois quando outras pessoas precisassem de dinheiro elas não o procurariam, porque ele era um professor da faculdade. Ele não estava no negócio de dinheiro. Foi então que pensou em um banco.

Conversou com um gerente de banco, que achou a idéia engraçada. Empréstimos de quantias como essa não compensavam sequer a papelada necessária. Além do mais, as pessoas pobres não podiam oferecer nenhuma garantia. O dr. Yunus foi de banco em banco, recebendo a mesma resposta. Finalmente ele desafiou o banco oferecendo-se como fiador. Depois de seis meses, eles concordaram, com relutância, em conceder um empréstimo de seiscentos dólares.

Ele fez o empréstimo do dinheiro e foi reembolsado. Insistiu novamente para que o banco emprestasse o dinheiro diretamente aos moradores da aldeia e novamente eles recusaram, alegando que isso nunca funcionaria em mais de uma aldeia. O dr. Yunus foi perseverante. Fez empréstimos para várias aldeias. Funcionou, mas os banqueiros ainda não estavam satisfeitos. Então, finalmente, emprestou dinheiro para todo o distrito. Deu certo, mas ainda assim os banqueiros não se convenceram.

Por fim, o dr. Yunus disse:

— Por que estou correndo atrás desses banqueiros? Por que não abro o meu próprio banco e acabo com esta história?

Então, em 1983, o governo deu permissão para que ele abrisse o seu próprio banco, que hoje é conhecido como Banco Grameen. Ele só empresta dinheiro às pessoas mais pobres de Bangladesh — pessoas sem propriedades e sem nenhum recurso.

Atualmente, o Banco Grameen tem 1.048 filiais e empresta dinheiro para mais de dois milhões de pessoas. Opera em 35 mil aldeias. Ele já desembolsou mais de um bilhão de dólares e a média de empréstimos é de cerca de trezentos dólares. O banco não apenas empresta dinheiro aos pobres, mas também os torna acionistas. Dos dois milhões de pessoas que recebem empréstimo, 90% são mulheres, uma coisa totalmente inusitada em Bangladesh.

O banco tem sido imitado em todo o mundo. O dr. Yunus enfatiza que em vários momentos lhe disseram que havia muitas razões para que isso não desse certo. Porém, a realidade é que isso *está* sendo feito e de uma maneira brilhante e inesperada.

Trecho retirado de uma entrevista de rádio com Mohammad Yunus na revista Lapis

A Pergunta

A<small>PRESSE-SE! U<small>M FUTURO MELHOR O ESPERA.</small></small>
— Victor Hugo

Não é espantoso que tão poucos de nós façamos a nós mesmos a importante pergunta?

Há vários anos, fui convidado para ouvir uma interessante palestra que seria endereçada ao corpo estudantil de uma pequena faculdade na Carolina do Sul. O auditório estava repleto de estudantes excitados com a possibilidade de ouvir uma palestrante daquele quilate. Depois que o governador fez a apresentação, ela se dirigiu ao microfone, percorreu a platéia com o olhar, e começou:

— Minha mãe era surda-muda. Não sei quem é ou quem foi meu pai. O primeiro emprego que consegui foi numa plantação de algodão.

A platéia estava fascinada.

— Nada tem de continuar da maneira que está se a pessoa não quiser que seja assim — continuou. — Não é uma questão de sorte e não são as circunstâncias do nascimento de alguém que determinam o seu futuro. Nada tem de continuar da maneira que está se a pessoa não quiser que seja assim — repetiu devagar. — Tudo o que ela tem a fazer — acrescentou com voz firme — para mudar uma situação que esteja trazendo infelicidade ou insatisfação é responder à pergunta: "Como é que eu quero que seja?" Então deve dedicar todos os seus esforços para atingir esse ideal.

Em seguida, deu um lindo sorriso e disse: — Meu nome é Azie Taylor Morton. Estou aqui hoje, diante de vocês, como Secretária do Tesouro dos Estados Unidos da América.

Bob Moore

O Sonho Americano de Tony Trivisonno

O ESFORÇO SÓ É PREMIADO DEPOIS QUE A PESSOA SE RECUSA A DESISTIR.
— NAPOLEON HILL

Ele vinha de uma fazenda na Itália, em algum lugar ao sul de Roma. Como ou quando chegou aos Estados Unidos, não sei. Porém, uma noite o encontrei de pé atrás da minha garagem. Tinha entre 1,70 e 1,72 de altura e era magro.

— Eu cortar sua grama — disse.

Foi difícil entender seu inglês precário. Perguntei-lhe seu nome.

— Tony Trivisonno — respondeu. — Eu cortar sua grama.

Disse-lhe que eu não podia pagar um jardineiro.

— Eu cortar sua grama — repetiu, afastando-se em seguida.

Entrei em casa infeliz. É verdade que aqueles dias da Depressão estavam difíceis, mas como podia mandar embora uma pessoa que viera me pedir ajuda?

Quando voltei do trabalho no dia seguinte a grama estava cortada, o jardim capinado e limpo. Perguntei à minha mulher o que havia acontecido.

— Um homem pegou o cortador de grama na garagem e trabalhou no jardim — ela respondeu. — Presumi que você o tivesse contratado.

Contei-lhe o que havia acontecido na noite anterior e achamos estranho que ele não tivesse pedido algum dinheiro.

Os outros dois dias foram bastante atribulados e me esqueci de Tony. Estávamos tentando recomeçar nossa empresa e trazer alguns dos empregados de volta para as fábricas. Mas na sexta-feira cheguei em casa mais cedo e vi Tony, outra vez, atrás da garagem. Elogiei o trabalho que tinha feito.

— Eu cortar sua grama — ele disse.

Dei um jeito de lhe dar um pequeno pagamento semanal e todos os dias Tony limpava o quintal e fazia outros pequenos serviços. Minha mulher disse que ele era muito útil sempre que havia algum objeto pesado para carregar ou coisas para consertar.

O verão se foi, chegou o outono e começava a esfriar.

— Senhor Craw, neve muito logo — Tony disse uma noite. — Quando chega inverno, o senhor me dá emprego limpando neve na fábrica.

Bem, o que fazer com tanta persistência e tanta esperança? É claro que Tony conseguiu o trabalho na fábrica. Os meses se passaram e pedi que o departamento de pessoal fizesse um relatório. Disseram que Tony era um ótimo empregado. Um dia o encontrei no nosso ponto de encontro, atrás da garagem, e ele disse:

— Quero ser "prendiz".

Tínhamos uma escola de aprendizagem que treinava os operários, mas eu duvidava que Tony tivesse a capacidade de ler desenhos técnicos e micrômetros, ou fazer um trabalho de precisão. No entanto, como desapontá-lo?

Ele teve seu salário reduzido para que se tornasse um aprendiz. Meses depois, tive notícias de que tinha se formado como um habilidoso esmerilhador. Tinha aprendido a ler a milionésima parte de uma polegada no micrômetro e ajustar o disco de esmeril com um instrumento acoplado com um diamante. Minha mulher e eu estávamos encantados com o que pensávamos ser um final feliz para a história.

Passaram-se um ou dois anos e, novamente, encontrei Tony no lugar onde costumava me esperar. Falamos sobre seu trabalho e perguntei o que queria.

— Senhor Craw — disse. — Eu querer comprar uma casa.

Ele tinha encontrado uma casa à venda, caindo aos pedaços, nos arredores da cidade.

Liguei para um amigo, que era gerente de banco, e perguntei:

— Vocês fazem empréstimos com base em atestado de conduta?

— Não — ele respondeu. — Não podemos fazer isso, não tem jeito.

— Espere um momento — retruquei. — Ele é um homem trabalhador, um homem de caráter, posso garantir isto. Tem um bom emprego. Vocês não estarão arriscando nada. Ele vai morar lá por muito tempo e vai pagar os juros.

Com relutância, o gerente do banco concordou em fazer uma hipoteca no valor de dois mil dólares, sem entrada. Tony ficou emocionado. Desse momento em diante qualquer bugiganga, qualquer sucata que encontrava perto da nossa casa — pedaços de ferragem, tábuas de caixote — ele recolhia e levava para casa.

Dois anos depois, encontrei-o no nosso velho ponto de encontro. Parecia estar um pouquinho mais ereto e mais gordo. Tinha um olhar confiante.

— Sr. Craw, vendo minha casa! — disse com orgulho. — Consegui oito mil dólares.

Fiquei surpreso. — Mas, Tony, como você vai viver sem uma casa?

— Sr. Craw, eu comprar uma fazenda.

Nós nos sentamos e conversamos. Ele me disse que seu sonho era ter uma fazenda. Adorava tomates, pimentões e todos os outros vegetais que fazem parte da cozinha italiana. Mandou buscar a mulher, o filho e a filha na Itália. Procurou nos arredores da cidade até encontrar uma pequena propriedade abandonada com uma casa e um galpão. Naquele momento, estava se mudando para sua fazenda com a família.

Algum tempo depois, numa tarde de domingo, Tony apareceu em casa, bem-arrumado e acompanhado de outro italiano. Disse-me que havia convencido seu amigo de infância a se mudar para os Estados Unidos. Tony o estava patrocinando. Com um brilho nos olhos, contou-me que quando se aproximaram da pequena fazenda que ele agora tocava, o amigo ficou impressionado e exclamou:

— Tony, você é um milionário!

Então, durante a guerra, recebi um recado da minha companhia. Tony havia morrido. Pedi que nosso pessoal verificasse se estava tudo bem com a família dele. Encontraram uma fazenda cheia de plantações e uma casinha decente e aconchegante. Havia um trator e um bom carro no quintal. As crianças eram educadas e estavam trabalhando e Tony não tinha deixado um centavo de dívida.

Depois que ele morreu, comecei a refletir cada vez mais sobre sua carreira. Ele havia subido no meu conceito. Acho que no final sentia-se tão importante e tão orgulhoso de si próprio quanto o maior industrial do país. Eles haviam trilhado o mesmo caminho para obter sucesso e tinham os mesmos valores e os mesmos princípios: visão, perseverança, determinação, autocontrole, otimismo, amor-próprio e, acima de tudo, integridade.

Tony não começou pelo último degrau da escada; começou pelo sótão. Seus negócios eram pequenos, os negócios de um grande industrial eram gigantescos, mas os balancetes haviam sido exatamente os mesmos. A única diferença era onde colocávamos o ponto decimal.

Tony Trivisonno veio para os Estados Unidos em busca do sonho americano. Mas ele não o encontrou — ele o criou para si mesmo. Tudo o que possuía eram as 24 horas do dia e ele não desperdiçou nenhuma delas.

Frederick C. Crawford

A Confusão do Estragão

A COMÉDIA É A REPRESENTAÇÃO TEATRAL DO OTIMISMO.
— ROBIN WILLIAMS

Meus pais, Deus os abençoe, viveram o holocausto quando crianças. Depois de vir para os Estados Unidos em 1947, meu pai trabalhou duro, nas piores condições, para que pudesse montar uma banca de frutas e verduras.

A experiência deles na infância não incluiu lições de culinária e só foram aprender a cozinhar depois de adultos, nos Estados Unidos. A única coisa que meu pai sabia fazer era ovos duros, e mesmo assim sempre calculava mal o tempo. Minha mãe deixava meu pai para trás, de longe. Quando pressionada, podia preparar sete refeições diferentes — mas, na realidade, havia apenas duas que fazia bem: espaguete e almôndegas, graças às pacientes avós italianas da vizinhança e a uma grande panela de caldo de galinha. Como tinha acesso a todos os tipos de vegetais, no que era então a nossa loja, costumava misturar alguns temperos pouco comuns, como cherívia e sálvia, e colocar tudo dentro do liqüidificador. Contudo, o que distinguia o caldo de galinha da minha mãe de qualquer outro que eu já tinha experimentado era um ingrediente especial: estragão fresco.

Mamãe sempre preparava seu caldo, no momento certo. Dificilmente o preparava para alguém que já estivesse doente, mas sabia instintivamente quando você precisava de um pouco desse caldo, como remédio preventivo. De alguma maneira, também sabia quando os tempos difíceis estavam se aproximando. Quando um bando de vendedores chegava, todos exigindo pagamento, havia uma panela de canja para apaziguar os ânimos. O refrigerador podia quebrar, o cobrador de impostos ligar, os empregados podiam ir embora sem avisar! Tínhamos caldo de galinha com estragão fresco e ficaríamos bem!

Muitos anos depois, a loja de meus pais em Long Island incendiou-se, ficando reduzida a cinzas. Não tiveram outra escolha senão abandonar o comércio varejista e tentar formar seu próprio negócio atacadista na cidade de Nova York. Fizeram isso com sua costumeira paixão, e em poucos anos estavam indo muito bem. Especializaram-se em produtos gastronômicos pouco comuns — inclusive estragão fresco.

Num inverno, por motivos de saúde, eles saíram de férias. Meu irmão e eu voamos até lá para ajudar a tomar conta dos negócios enquanto eles estavam viajando. Acontece que, na segunda semana, uma geada castigou o sul e dizimou, literalmente, toda a plantação de estragão. Havia uma enorme procura pelo produto. Podiam-se ouvir os gritos das mães desesperadas a dezenas de quilômetros de distância.

Por uma feliz coincidência, meu irmão e eu tínhamos contatos. Morávamos na Califórnia e conhecíamos os poucos produtores de estragão da região. Em questão de horas arranjamos vários carregamentos que seriam embarcados para Nova York de avião. Éramos os únicos que tinham o produto na cidade e, apesar do suprimento ainda ser pequeno, lucramos milhares de dólares — com o estragão.

Quando meus pais voltaram das férias, bronzeados e maravilhados por terem estado ausentes num dos piores invernos que Nova York havia enfrentado em décadas, ficaram felizes, sobretudo, de ouvir a história da confusão do estragão e de como havíamos superado o problema.

Alguns anos depois, meu irmão e eu estávamos passando por dificuldades realmente sérias com a nossa empresa. Ficamos muito preocupados, esquecendo-nos de que os negócios têm suas vicissitudes (a única palavra sofisticada que papai sabia e, por isso, usava com freqüência) e que não são a única coisa da vida.

Numa tarde, quando estávamos nos sentindo particularmente deprimidos, chegou um pacote que nossos pais tinham enviado de sua nova casa na República Dominicana. Não havia nenhuma carta dentro, apenas uma bonita placa, feita sob encomenda, com uma mensagem gravada: SEJA POSITIVO: PENSE QUE VAI DAR CERTO. E não é que a partir desse dia tudo deu certo mesmo?

Reverendo Aaron Zerah

O Verdadeiro Significado de Companheirismo

NA PRESENÇA DO AMOR, MILAGRES ACONTECEM.
— ROBERT SCHULLER

Curt e eu temos um tipo de amizade que eu gostaria que todos pudessem ter a oportunidade de sentir. Ela incorpora o verdadeiro significado de companheirismo — confiança, cuidado, a disposição de correr riscos, e tudo o mais que uma amizade pode representar em nossas vidas apressadas e atribuladas.

Nossa amizade começou há muitos anos. Nós nos conhecemos em uma competição esportiva quando estávamos no colegial e freqüentávamos escolas diferentes. Havia um respeito mútuo pelas habilidades atléticas um do outro. Com o passar dos anos, nos tornamos grandes amigos. Curt foi o padrinho do meu casamento e eu fui padrinho dele poucos anos depois, quando ele se casou com a colega de quarto da minha irmã. Ele também é o padrinho do meu filho, Nicholas. Contudo, o que melhor exemplifica o nosso companheirismo é um fato que aconteceu há mais de 25 anos, quando éramos jovens e despreocupados em nossos vinte e poucos anos.

Curt e eu participávamos de uma competição de natação no clube Swim and Racquet, na vizinhança. Ele tinha acabado de ganhar o prêmio pela primeira competição, um bonito relógio. Caminhávamos para o carro brincando sobre a competição e Curt virou-se para mim e disse:

— Steve, você bebeu um pouco, cara; talvez eu devesse dirigir.

A princípio pensei que ele estivesse brincando, mas Curt definitivamente é o mais sensato de nós dois e por isso respeitei seu julgamento sóbrio.

— Boa idéia — eu disse, e entreguei-lhe as chaves do carro.

Depois de me sentar no banco do passageiro e Curt atrás do volante, ele disse:

— Vou precisar da sua ajuda, não estou certo se sei ir até a sua casa daqui.

— Não tem problema — respondi.

Curt deu partida no carro e fomos embora — não sem os solavancos e afogamentos, carro morre daqui e pega dali, típicos da primeira vez. Os dez primeiros quilômetros pareceram cem, quando eu lhe dava orientações: agora vire à esquerda, vá devagar, vamos virar à direita logo, vá mais depressa, e assim por diante. O importante é que chegamos em casa sãos e salvos naquela noite.

Dez anos depois, no meu casamento, Curt fez os olhos dos quatrocentos convidados encherem-se de lágrimas quando contou a história da nossa amizade e de como fomos para casa juntos naquela noite. Por que essa é uma história tão extraordinária? Todos nós, espero, já oferecemos a chave do carro quando sabíamos que não deveríamos dirigir. Mas veja bem, meu amigo Curt é cego desde que nasceu e nunca havia se sentado atrás de um volante antes daquela noite.

Atualmente, Curt é um dos principais executivos da General Motors em Nova York e viaja por todo o país incentivando representantes de venda a formar parcerias e amizades duradouras com seus clientes. Nossa disposição de correr riscos e ter confiança um no outro continua a trazer sentido e alegria à jornada da nossa amizade.

Steven B. Wiley

8

Falando em Coragem

Não tenha medo de se arriscar até a ponta do galho. É lá que está o fruto.

— Anônimo

Billy

TODAS AS BATALHAS IMPORTANTES SÃO TRAVADAS DENTRO DE NÓS MESMOS.

— SHELDON KOGGS

    Entre 1983 e 1987, tive a oportunidade de representar o personagem de Ronald McDonald para a corporação McDonald's. Minha área de trabalho cobria a maior parte do Arizona e uma parte do sul da Califórnia.

    Um dos nossos eventos padrões era "O Dia do Ronald". Um dia por mês visitávamos tantos hospitais quantos fosse possível, levando um pouquinho de alegria para um lugar aonde ninguém quer ir. Eu estava muito orgulhoso de poder acrescentar alguma coisa à vida daquelas crianças e daqueles adultos que estavam passando por um período ruim. O calor humano e a gratificação que eu recebia permaneciam comigo por semanas. Eu adorava o projeto, a McDonald's também, assim como as crianças, os adultos, os funcionários do hospital e a equipe de enfermagem.

    Eu tinha de observar duas restrições durante as visitas. Primeiro, não podia ir a nenhum lugar do hospital sem estar acompanhado da equipe da McDonald's e de algum funcionário do hospital. Dessa maneira, se eu entrasse em um quarto e assustasse uma criança, haveria alguém para lidar com a situação na hora. Segundo, eu não podia tocar em ninguém do hospital. Não queriam que eu transmitisse germes de um paciente para o outro. Eu entendia quando explicavam essa norma, mas não gostava dela. Acho que o ato de tocar alguém é, e sempre será, a forma mais honesta de comunicação. Palavras ditas ou escritas podem mentir, mas é impossível mentir com um abraço caloroso.

Quebrar qualquer uma dessas regras significaria ser despedido.

No final do meu quarto ano de "O Dia do Ronald", depois de um longo dia, atravessava o corredor do hospital para ir para casa quando ouvi uma vozinha: "Ronald, Ronald!"

Parei. A voz meiga vinha através de uma porta entreaberta. Quando entrei, vi um garotinho de mais ou menos cinco anos nos braços do pai, ligado a mais aparelhos médicos do que eu já tinha visto em toda a minha vida. A mãe estava do outro lado da cama junto com a avó, o avô e uma enfermeira que controlava o equipamento.

Percebi, pelo clima no quarto, que a situação era grave. Perguntei ao garotinho seu nome — ele me disse que era Billy — e fiz uns simples truques de mágica para ele. Quando ia me despedir, perguntei a Billy se eu podia fazer mais alguma coisa por ele.

— Ronald, você pode me pegar no colo?

Um pedido tão simples! Mas o que passou pela minha cabeça foi que, se o tocasse, perderia o emprego. Então disse a Billy que não podia fazer isso naquele momento, mas sugeri que nós dois fizéssemos um desenho. Depois de acabar a maravilhosa obra de arte da qual nos orgulhávamos bastante, Billy pediu novamente para segurá-lo nos braços. Nessa hora meu coração estava gritando "Sim!" mas minha mente gritava mais alto: "Não! Você vai perder seu emprego!"

Da segunda vez que ele pediu tive de pensar nos motivos pelos quais eu não podia atender ao simples pedido de um garotinho que provavelmente não voltaria para casa. Perguntei a mim mesmo por que me sentia tão arrasado por causa de alguém que nunca havia visto antes e, possivelmente, não veria mais.

"Abrace-me." Era um pedido tão simples. No entanto...

Procurei uma resposta lógica que me permitisse ir embora, mas não encontrei nenhuma. Logo percebi que, naquela situação, perder o emprego não seria o desastre que eu temia.

Será que perder o emprego era a pior coisa do mundo? Será que eu tinha autoconfiança suficiente para recomeçar se isso realmente acontecesse? A resposta veio com um sonoro e afirmativo "Sim!" Eu poderia recomeçar. Então qual era o risco?

Só que, se eu perdesse meu emprego, provavelmente não demoraria muito para que eu perdesse meu primeiro carro, depois a minha casa... E, para ser honesto, eu realmente gostava dessas coisas. Todavia, percebi que no fim da minha vida nem o carro nem a casa teriam muito valor. As únicas coisas que teriam valor para sempre seriam as experiências. Quando lembrei a mim mesmo que a razão principal de eu estar ali era levar um pouquinho de alegria a um ambiente triste, percebi que na realidade eu não corria nenhum risco.

Pedi que os pais e os avós saíssem do quarto e que os dois acompanhantes do McDonald's esperassem no carro. A enfermeira que controlava os aparelhos ficou, mas Billy pediu que ela ficasse de pé virada para a parede. Em seguida peguei no colo aquela pequena maravilha de ser humano. Ele estava tão fraco e assustado! Rimos e choramos por 45 minutos e falamos sobre as coisas que o preocupavam.

Billy estava com medo que seu irmãozinho se perdesse na volta do jardim de infância para casa no ano seguinte, sem ele para lhe mostrar o caminho. Estava preocupado com o cachorro que não encontraria outro osso, pois ele havia escondido os ossos dentro de casa antes de voltar para o hospital e, agora, não conseguia se lembrar onde os havia colocado.

Essas coisas representam problemas para um garotinho que sabe que não vai voltar para casa.

Quando saí do quarto, com marcas de lágrimas na maquiagem indo até o pescoço, dei aos pais meu verdadeiro nome e o número do meu telefone (outro motivo para a demissão automática de um Ronald McDonald, mas calculei que ia ser demitido de qualquer maneira e não tinha nada a perder) e lhes disse que me ligassem se houvesse alguma coisa que a companhia McDonald's, ou eu, pudesse fazer. Menos de 48 horas depois, recebi um telefonema da mãe de Billy, informando-me de que ele havia morrido. Ela e o marido queriam apenas me agradecer por ter acrescentado alguma coisa à vida do menino. Ela disse que logo depois que deixei o quarto, ele olhou para ela e disse:

— Mamãe, eu não me importo mais se eu não vir o Papai Noel este ano porque o Ronald McDonald me pegou no colo.

Algumas vezes temos de fazer o que é certo naquele momento, apesar de estarmos conscientes do risco. Só o conhecimento pessoal tem valor e o único grande motivo pelo qual as pessoas limitam suas experiências é por causa dos riscos que elas envolvem.

Apenas para registrar, a McDonald's realmente ficou sabendo sobre Billy e eu, mas devido às circunstâncias permitiram que eu continuasse no emprego. Fui Ronald por mais um ano antes de deixar a empresa para compartilhar a história de Billy e dizer quanto é importante correr riscos.

Jeff McMullen

"Se eu Fosse Realmente Importante..."

N̲ᴜɴɢᴜᴇ́ᴍ ᴇɴᴄᴏɴᴛʀᴀ ᴜᴍᴀ ᴠɪᴅᴀ ǫᴜᴇ ᴠᴀʟʜᴀ ᴀ ᴘᴇɴᴀ sᴇʀ ᴠɪᴠɪᴅᴀ —
ᴛᴇᴍᴏs ᴅᴇ ғᴀᴢᴇ̂-ʟᴀ ᴠᴀʟᴇʀ ᴀ ᴘᴇɴᴀ.

— Aᴜᴛᴏʀ ᴅᴇsᴄᴏɴʜᴇᴄɪᴅᴏ

Num dos meus seminários chamado "Com o risco de se relacionar", pedi aos alunos que se dedicassem de corpo e alma aos seus respectivos trabalhos durante uma semana. Pedi-lhes que agissem "como se" o que faziam realmente fizesse diferença para as pessoas à sua volta. A pergunta-chave que deveriam se fazer durante aquela semana era:

"Se eu realmente fosse importante aqui,
o que eu estaria fazendo?"

Em seguida, deveriam pôr-se a fazê-lo.

Peggy resistiu à tarefa. Queixou-se dizendo que não gostava do seu trabalho numa agência de relações públicas e disse que estava apenas esperando até encontrar um novo emprego. Todos os dias era a mesma monotonia e ela ficava sempre olhando os ponteiros do relógio se arrastarem lentamente durante oito penosas horas. Finalmente, com bastante ceticismo, ela concordou em tentar, por apenas uma semana, se envolver 100% no trabalho, "como se" ela realmente fosse importante.

Na semana seguinte, quando Peggy entrou na classe, eu não podia acreditar na diferença no seu nível de energia. Com voz entusiasmada, ela relatou à classe como havia sido a sua semana.

— Meu primeiro passo foi dar vida nova àquele escritório sombrio, com algumas plantas e pôsteres. Comecei, então, a realmente prestar atenção nas pessoas com quem trabalho. Se alguém parecia triste, eu perguntava se alguma coisa estava errada e se eu podia ajudar. Se saía para tomar café, perguntava sempre se alguém queria que trouxesse algo. Fui atenciosa com as pessoas e convidei duas delas para almoçar. Disse ao meu patrão algumas coisas boas a respeito dos meus companheiros de trabalho (normalmente, só elogio a mim mesma).

Em seguida Peggy perguntou a si própria como poderia melhorar as coisas para a empresa em si.

— Primeiro, parei de reclamar sobre o emprego. Percebi que era uma chata! Passei a ter iniciativa e a propor algumas boas idéias que comecei a colocar em prática.

Todos os dias ela fazia uma lista de coisas que gostaria de fazer e se punha a realizá-las.

— Fiquei realmente surpresa com a quantidade de coisas que podia realizar num dia quando me concentrava no que estava fazendo! — disse. — Também notei a rapidez com que o dia passava quando estava envolvida em alguma coisa. Coloquei um lembrete na minha mesa que dizia: "Se eu fosse realmente importante, o que eu estaria fazendo?" E cada vez que eu começava a retroceder e voltar para meu velho hábito de tédio e reclamação, o aviso me lembrava o que eu deveria estar fazendo. Ajudou bastante.

Que diferença uma simples pergunta fez no curto espaço de uma semana! Fez com que Peggy se sentisse ligada a todas as pessoas à sua volta — inclusive à própria empresa em que trabalhava. Independentemente de ter decidido continuar ou não no emprego, ela tinha aprendido uma maneira de transformar qualquer experiência de trabalho.

Susan Jeffers

$\mathcal{P}$to Wilson

*E*XISTEM COISAS QUE SÓ A INTELIGÊNCIA É CAPAZ DE PROCURAR, MAS QUE, POR ELA MESMA, NÃO ENCONTRARÁ JAMAIS. ESSAS COISAS, SÓ O INSTINTO AS ENCONTRARIA, ELE PORÉM NÃO AS BUSCARÁ JAMAIS.
— BERGSON

Era 1979 e era a minha primeira gerência. E ali estava ele: uma espécie de *boy*, que cuidava de um arquivo... que acabara de ser extinto. Quem ia querer ficar com ele? Qualificação? Nenhuma. Educação? Do mesmo nível. Rapazinho, meio folgado...

— Wilson?

— Pronto!

— Tô pensando em ficar com você aqui na nossa divisão. O que acha?

E o sorriso largo, que me marcaria para sempre, se abriu!

Além da qualificação — aquela — ainda tinha um agravante: ele vivia "*sujo!*"

Por falta do que fazer, ensinei-lhe a fazer os *sólidos geométricos*... A cartolina branca, depois de dobrada e colada, mais parecia *bege sertão*!

— Vamos refazer, desta vez em "branco"... Tá bem, Wilson?

— É só mandar!

O tempo passou, o auxiliar aprendeu a fazer gráficos (limpos!), depois passou ao microcomputador e assim foi!

Como não poderia deixar de ser, foi descoberto:

— Chefe, se me arrumar um estágio no computador, o cara lá do Bradesco disse que me contrataria como operador de grande porte em Taguatinga.

E assim, após "aprontar" no estágio — "Pô, chefe, me mandaram dar um comando para apagar um programa e eu fui..." — divertia-se ele me contando suas aventuras de neófito...

Demissão, operador de computador e, de repente...

— O senhor teria algum técnico qualificado para compor nosso quadro de "auxiliar de engenharia?"

Não foi preciso nem pensar...

— O Wilson! Além de qualificado, ele tem a melhor característica que precisamos: pto!

— Pto?

— *Pau pra Toda Obra.*

E o simpático Wilson, depois de meses fora, voltava ao nosso convívio, agora como auxiliar de engenharia IV (nível mais alto), reservado a técnicos com muita experiência.

E eu continuava com o meu maior medo: pedir alguma coisa ao Wilson e, por acidente, alguém como o Presidente ou o Papa aparecer no seu caminho. Com certeza, ele passaria por cima!

— Chefe, agora vou virar adulto.

Já não era sem tempo (quase 30 anos). — Por quê, vai usar gravata?

Não, aquele rapazinho, que aprendemos a estimar por sua cativante simpatia, cuja maior alegria era sempre estar *pronto* para o que desse e viesse, após anos ajudando sua enorme família, cuja raça era medida nas maratonas de que participava — sempre *descalço* — ia se casar...

— Já comprei a casa! Agora vou fazer faculdade e me casar...

Aí então acho que Deus estava precisando de uma mãozinha e, na antevéspera do Natal de 1989, depois da nossa festinha de fim de ano, o Wilson, sua noiva e Teresinha, nossa secretária, foram vítimas de um acidente de trânsito...

Quis o Senhor que não viéssemos a vê-lo casado, pai, adulto... Mesmo seu rosto sem sorriso, no último instante, fui poupado de ver... Para mim, continuará a ser sempre aquele Wilson.

E os que o conheceram, tenho certeza, ao verem o arco-íris, crêem que ele está lá em cima, rindo...

Quando, às vezes, alguma sombra começa a se abater sobre a alma, lembro-me do Wilson, para quem não havia tempo ruim...
— Wilson, será que dava...?
— É só mandar que a gente encara...

Frank Tadeu Ávila
[Autor nacional]

Aquele Momento Único

Você tem de fazer isto por si só, mas não pode fazê-lo sozinho.
— Martin Rutte

Minha mãe é professora e cresci em meio a todas as dificuldades e desafios que uma professora enfrenta. Eu sempre lhe perguntava: "Por que você leciona? Como consegue arranjar toda esta energia?" A resposta era sempre a mesma. "Existe sempre aquela criança, aquele momento único que faz com que tudo valha a pena."

Não sei se foi herança genética, inspiração da minha mãe ou se foram as histórias sinceras que ela costumava contar sobre os alunos, mas também me tornei professora. Contudo, minha sala de aula é muito diferente da dela. Minhas aulas se baseiam em atividades ao ar livre que desafiam o físico e o intelecto e envolvem algum risco, tendo como objetivo o desenvolvimento social. O trabalho, em sua maior parte, é desenvolvido com jovens problemáticos.

Quando minha mãe perguntou por que eu lecionava, como eu podia superar tanta privação, sabia que ela já tinha a resposta. Como ela mesma disse, existe sempre aquela criança, aquele momento especial.

Um desses momentos aconteceu recentemente. Eu estava trabalhando com um grupo de adolescentes entre 12 e 15 anos, todas mulheres. Estávamos no fim da segunda semana de um programa de um mês. O grupo tinha passado bem pela fase "Básica", com atividades de equipe, e se encaminhava para a fase "Avançada", chamada de Travessia do Arame.

Para fazer a Travessia do Arame a pessoa sobe a uma árvore apoiando-se em estacas presas ao seu tronco, alcança um cabo de arame a cerca de sete metros e meio do chão e anda sobre ele, segurando-se em uma corda solta amarrada a um metro e meio acima. Durante todo o percurso, do chão até o final da travessia, o participante fica preso a um cabo de segurança. A outra ponta do cabo é controlada por um instrutor treinado. É um processo bastante seguro.

Conversamos durante algum tempo sobre a emoção que as gorotas sentiam e, então, perguntei quem estava disposta a tentar. Algumas levantaram a mão e conseguiram completar a travessia com certa facilidade. Vendo que elas tinham conseguido, outras se dispuseram a fazê-lo.

— Quem quer ser a próxima? — perguntei.

— Susie está pronta — disseram algumas garotas.

Sentindo sua relutância, perguntei-lhe se estava pronta.

— Acho que sim — respondeu em voz baixa.

Susie estava de pé ao lado da árvore, presa ao cabo de segurança. Peguei a ponta solta da corda e observei enquanto ela alcançava a primeira estaca da árvore. O grupo aplaudiu seu esforço com gritos animados. Então vi seu rosto ficar mais tenso a cada degrau. Eu queria muito que ela conseguisse concluir a Travessia do Arame. Sabia o quanto isso a faria se sentir bem. Mas eu já tinha visto esse medo muitas vezes e percebi que ela não iria muito mais longe.

Ela estava no meio do caminho quando abraçou fortemente a árvore — do jeito que uma criança pequena agarra a perna dos pais quando está assustada. Seus olhos estavam fechados, apertados, os nós dos dedos brancos. Com o rosto colado à árvore, tudo o que ouvi foi:

— Eu não consigo!

As outras garotas ficaram em silêncio. Comecei a conversar com Susie, tentando convencê-la a afrouxar as mãos o suficiente para que pudesse descer. Falei com ela pelo que pareceu ser um longo tempo; depois disso eu não sabia mais o que dizer e me calei.

O silêncio foi quebrado por Mary.

— Serei sua amiga de qualquer maneira, Susie!

Meus olhos se encheram de lágrimas, tanto que eu mal podia ver Susie agarrada à árvore. Quando eles desembaçaram, vi que ela havia levantado a cabeça para olhar o cabo de arame. Os nós das suas mãos não estavam mais brancos. Olhou para baixo, para Mary, e sorriu. Mary retribuiu o sorriso. Eu estava no meu posto novamente, levantando a ponta da corda até que ela alcançasse o arame.

Momentos como esse me estimulam a continuar fazendo o que faço. Os corações jovens com os quais trabalho continuam a me encher de inspiração e coragem. Acredito verdadeiramente que eles têm mais opções arriscadas e perigosas do que eu já tive na minha vida. De alguma maneira, esses jovens vão em frente. De alguma maneira, eles chegam até o arame.

Quanto a Susie, ela conseguiu completar a travessia. Quando desceu, o primeiro abraço que procurou foi o de Mary. Todas nós aplaudimos.

Chris Cavert

Com um Pouco de Coragem, Você Vai Longe

O QUE FICOU PARA TRÁS E O QUE ESTÁ POR VIR SÃO PROBLEMAS INSIG-
NIFICANTES COMPARADOS COM O QUE JÁ ESTÁ ENTRE NÓS.
— RALPH WALDO EMERSON

Era 1986. Eu tinha acabado de fechar minha agência de propaganda e estava quase falida, sem idéia do que fazer. Então, um dia, depois de ler um artigo de revista que falava sobre o poder do cruzamento de dados pelo computador, acendeu-se uma luz. Estávamos na década de 1980. Por que as pessoas não estavam ganhando dinheiro com isso? Logo que me fiz essa pergunta, tive uma idéia: eu podia criar uma empresa chamada ALMOÇO EXECUTIVO! As pessoas que quisessem fazer contatos ligariam para mim, e no papel de santo casamenteiro eu iria, por meio do computador, encontrar o tipo exato de pessoa que elas precisavam na indústria ou a posição certa que estavam procurando. Em seguida, eu juntaria os dois num almoço executivo. Perfeito, certo?

O único problema era que eu tinha muito pouco dinheiro para iniciar um negócio. Então lancei mão do único bem que nunca me falhou — minha boca. Mandei imprimir dez mil folhetos numa gráfica barateira da vizinhança, juntei coragem e me plantei na esquina das avenidas Connecticut e K, no centro da cidade de Washington D.C. Eu gritava com todos os meus pulmões: "ALMOÇO EXECUTIVO! Arranje o seu ALMOÇO EXECUTIVO!" Durante três dias gritei e distribuí folhetos. As pessoas me olhavam de um jeito engraçado, mas pegavam os folhetos.

No final do terceiro dia, eu havia distribuído todos os folhetos e nem uma pessoa sequer havia ligado. Sem um tostão, sem ânimo e começando a perder as esperanças, arrastei-me para casa. Assim que entrei, o telefone tocou. Era um repórter do *Washington Post*. Ele tinha visto um dos meus folhetos e perguntou se poderia fazer uma entrevista comigo para sair na primeira página da seção "Estilo" do jornal. Na época, veja você, eu não tinha uma firma nem telefone comercial (ele ligou para meu número particular) e nem tampouco uma estrutura para o meu negócio — mas concordei com entusiasmo.

No dia seguinte, tivemos a grande entrevista e ele pediu meu telefone comercial. Eu disse que lhe daria na parte da tarde. Corri até a companhia telefônica local e depois liguei para ele dando o número: 265-EATT (não estava instalado ainda, mas pelo menos eu tinha um número). Achando engraçado, o repórter concordou em colocar o telefone na reportagem — algo que o *Post* não costuma fazer.

No outro dia, fui acordada pelo telefonema de uma amiga — na minha linha pessoal — me cumprimentando pelo artigo no jornal. Sentei-me na cama feito um raio. Mas meu novo número de telefone ainda não havia sido instalado! Bem nessa hora, alguém bateu à porta. Era a mulher da companhia telefônica, graças a Deus. Tinha vindo instalar o telefone. Ela foi até a parte de trás da casa e reapareceu depois de 15 minutos com um pedaço de papel na mão.

— O que é isso? — perguntei.

— Esses são os recados que peguei enquanto fazia a ligação do telefone — respondeu com uma risada. Meu negócio já estava um passo à minha frente.

A partir desse dia, muitas outras fontes da mídia ligaram, inclusive o *New York Times*, o *Christian Science Monitor* e até mesmo o *Entertainment Tonight*. Recebi centenas de pedidos para almoços e apresentei muitas pessoas. Consegui realizar o meu sonho de me divertir e fazer negócios ao mesmo tempo. E tudo começou na esquina da Connecticut e K com muitos gritos... e um pouquinho de coragem.

Sandra Crowe

É Preciso Ousadia!

Ousar é tropeçar momentaneamente; não ousar é se perder.
— Søren Kierkegaard

Pouco tempo depois de iniciar uma carreira no ramo empresarial, fiquei sabendo que Carl Weatherup, presidente da PepsiCo, iria fazer uma palestra na Universidade do Colorado. Fui atrás da pessoa que organizava sua agenda e consegui uma entrevista. Disseram-me, contudo, que sua agenda estava muito cheia e que ele poderia dispor de apenas 15 minutos, depois da palestra para os estudantes de Administração.

Portanto, lá estava eu, sentado do lado de fora do auditório da universidade, esperando pelo presidente da PepsiCo. Eu podia ouvi-lo falar aos estudantes... e falar, falar. Fiquei alarmado: a palestra não terminou na hora programada. Ele estava cinco minutos atrasado, o que reduzia meu tempo a dez minutos. Hora de tomar uma decisão.

Escrevi um recado atrás do meu cartão de visitas, lembrando-lhe que tínhamos um encontro. "Você tem um encontro com Jeff Hoye às 14h30." Respirei fundo, abri a porta do auditório e caminhei pelo corredor central na sua direção. O sr. Weatherup parou. Entreguei-lhe o cartão e me virei, voltando para onde estava. Um pouquinho antes de chegar à porta, ouvi-o dizer ao grupo que estava atrasado. Agradeceu a todos pela atenção, desejou-lhes boa sorte e foi ao meu encontro. Eu prendia a respiração.

Ele olhou para o cartão e depois para mim.

— Deixe-me adivinhar — disse. — Você é Jeff — sorriu. Comecei a respirar novamente e nos apoderamos de um escritório ali mesmo na escola e fechamos a porta.

Conversamos por trinta minutos. Contou-me algumas histórias maravilhosas, que ainda hoje uso, e convidou-me para visitar o grupo em Nova York. Mas o que ele me deu que mais prezo foi o estímulo para que eu continuasse a fazer o que acabava de fazer. Ele disse que tinha sido necessário ousadia de minha parte para que eu o interrompesse e que é isso que o mundo dos negócios quer. Quando as coisas têm de acontecer, ou você tem coragem para agir ou não tem.

Jeff Hoye

Uma Platéia Cativa

SEU FUTURO DEPENDE DE MUITAS COISAS, MAS PRINCIPALMENTE DE VOCÊ.
— FRANK TYGER

Eu ia sair da cidade e estava com muita pressa. Tomei um táxi na frente do meu apartamento na esquina da rua 64 com a 1ª em Manhattan.

— Aeroporto Kennedy — disse ao motorista.

Quando estava sentado confortavelmente no banco de trás, um motorista de táxi amistoso, o que é raro em Nova York, começou a conversar comigo.

— Belo prédio de apartamentos este seu — disse.
— É — respondi, distraidamente.
— Mora lá há muito tempo?
— Não.
— Aposto que o armário é bem pequeno — disse.

Agora ele tinha chamado a minha atenção.

— Sim — eu disse —, muito pequeno.
— Já ouviu falar daquelas pessoas que põem os armários em ordem? — perguntou.
— Sim, acho que vi um anúncio ou alguma coisa parecida no jornal.
— Trabalho como motorista de táxi apenas meio período — disse. — Meu trabalho de tempo integral é pôr em ordem os armários das pessoas. Entro, arrumo as prateleiras e as gavetas e coloco tudo em ordem dentro dos armários.

Então perguntou-me se eu já tinha pensado em mandar organizar o meu armário.

— Bem, não sei — eu disse. — Na verdade preciso de um pouco mais de espaço no armário. Não existe uma firma de armários chamada Califórnia alguma coisa?

— O senhor se refere à Companhia de Armários Califórnia. Eles são realmente uma grande empresa do ramo. Posso fazer exatamente o que eles fazem por um preço menor.

— Verdade?

— Verdade — disse.

E com isso o motorista me deu explicações detalhadas sobre o que um profissional que organiza armários faz. Terminou dizendo:

— Quando você chamar a Companhia Califórnia e eles forem até a sua casa para fazer um orçamento, você tem de fazer o seguinte: peça que deixem uma cópia do projeto. Eles não vão querer, mas se você disser que quer mostrar à sua namorada ou à sua mulher eles vão concordar. Então o senhor me chama e eu faço a mesma coisa — mas por 30% menos.

— Parece interessante — eu disse. — Vou lhe dar o meu cartão. Se você me ligar no escritório podemos marcar um encontro.

Dei-lhe o meu cartão e ele quase saiu da rodovia.

— Oh, meu Deus! — ele gritou —, você é Neil Balter, o fundador da Companhia de Armários Califórnia?! Eu o vi no programa da Oprah Winfrey e achei que teve uma idéia tão boa que eu mesmo entrei no negócio.

Ele olhou pelo espelho retrovisor e me estudou. — Eu deveria tê-lo reconhecido. Deus do céu, sr. Balter, peço desculpas. Eu não quis dizer que a sua companhia é careira. Não quis...

— Calma — eu disse. — Gosto do seu estilo. Você é um camarada esperto e agressivo. Admiro isso. Você tem uma platéia cativa no seu táxi e tem de tirar proveito disso. Tem de ter ousadia pra fazer o que você faz. Por que não me telefona e, quem sabe, não se torna um dos nossos vendedores?

Nem preciso dizer que ele veio trabalhar conosco — e se tornou o principal vendedor da Companhia Califórnia!

Neil Balter

Um Verdadeiro Líder

Sempre é o momento certo para se fazer o que é certo.
— Martin Luther King Jr.

Há poucos anos, a Pioneer Hi-Bred International, onde eu trabalhava, comprou a Norand. Os representantes de venda da Pioneer usavam os terminais portáteis da Norand para fazer o levantamento diário de informações sobre vendas e a anotação de dados sobre a atualização de preços e incentivos de vendas. A Pioneer comprou tantos desses terminais que isso fez o negócio parecer atraente. O fato de ser proprietária da Norand também permitiria à Pioneer explorar mercados de alta tecnologia fora da área da agricultura.

Porém, depois de alguns anos, o aparecimento da tecnologia do PC *laptop* fez com que as unidades manuais ficassem obsoletas. A Norand acabou sendo vendida a preço de banana. A Pioneer costumava dividir uma porcentagem do lucro anual em partes iguais com os funcionários; portanto, naquele ano, a participação nos lucros foi menor do que se a empresa não tivesse comprado a Norand. Além disso, o preço das minhas ações da companhia estava mais baixo do que antes da compra da Norand. Eu não estava satisfeito.

Todos os anos o diretor-presidente da Pioneer, Tom Urban, fazia uma visita a todas as divisões da empresa para falar a respeito da situação dos negócios da empresa e ouvir os funcionários. Quando ele entrou na sala de reuniões em sua primeira visita depois da venda da Norand, agradeceu ao grupo, tirou o paletó e o dobrou cuidadosamente no encosto da cadeira. Afrouxou a gravata, desabotoou o colarinho e arregaçou as mangas da camisa. Em seguida, falou a última coisa que eu esperava ouvir de um presidente.

— Eu cometi um engano ao comprar a Norand e lamento muito. Lamento que a participação de vocês tenha sido menor por causa dessa compra e lamento que as ações de vocês tenham sido prejudicadas. Continuarei a correr riscos, mas fiquei um pouquinho mais esperto agora e trabalharei duro para vocês — disse.

A sala permaneceu em silêncio por alguns instantes antes que ele pedisse que fizessem perguntas.

Nesse dia, um grande homem e um líder estava diante de nós. Enquanto eu ficava ali sentado ouvindo-o falar, compreendi que podia confiar nele e que ele merecia toda a lealdade que eu pudesse oferecer a ele e à Pioneer. Compreendi também que eu podia correr riscos no meu próprio trabalho.

No breve momento de silêncio que antecedeu às perguntas, lembro-me de ter pensado que o seguiria em qualquer batalha.

Martin L. Johnson

O Líder dos Escoteiros e o Pistoleiro

Nossa missão é saber discernir os opostos, primeiro como opostos, mas depois como pólos de união.
— Hermann Hesse

Quando as duas pessoas mais importantes da direção de uma grande companhia de seguros perceberam que sua incapacidade de trabalhar juntas era um problema — não apenas para eles, mas para toda a organização — já era quase tarde demais. Quando se deram conta, tinham chegado a um ponto que na linguagem da marinha é conhecido como fora de controle. Quando isso acontece, apenas uma ação radical, certeira e imediata por parte de dois navios pode evitar a colisão. Eu estava fazendo um treinamento intensivo sobre liderança nessa empresa quando eles pediram ajuda. Eis o que aconteceu:

O Diretor Executivo, Brad, tinha o seguinte a dizer sobre o Diretor Administrativo, Miles:

— O cara é teimoso, não tem controle. Está sempre agindo precipitadamente e fazendo coisas que desestabilizam a empresa. Fico assustado só de pensar em deixá-lo chegar perto do orçamento. Se ele fosse o encarregado, nunca seríamos capazes de fazer a mesma coisa duas vezes. Estaríamos pulando de um penhasco e calculando o que fazer durante a descida. Isso me deixa maluco! Veja se consegue dar um jeito nele, por favor...

Enquanto isto, surpresa, surpresa! Miles, o Diretor Administrativo, estava em pé de guerra com Brad.

— Ele é tão de-va-gar para tomar decisões! Minhas propostas juntam teias de aranha antes mesmo que ele as leia. Ele tem sempre 16 motivos para recusá-las e, quando conseguimos sua aprovação, já é tarde demais. Isso me deixa maluco! Tire-o de cima de mim, por favor.

Apesar de os dois conseguirem se comportar de maneira profissional e manter uma certa aparência de cordialidade, a tensão entre eles havia vazado para toda a companhia — em alguns casos, estimulada pelas suas próprias fofocas. Como conseqüência, os funcionários foram forçados a tomar partido: "Você está do lado do Brad ou do Miles?"

Depois de uma rápida conversa com cada um deles, ambos concordaram que era hora de pôr um fim às hostilidades e pediram ajuda.

— Vamos nos reunir em uma sala num centro de convenções aqui perto, a portas fechadas, até que as coisas fiquem esclarecidas — sugeri.

Os dois entraram na sala sorridentes mas um pouco nervosos.

— Está bem — eu disse —, antes de mais nada, vocês têm de entender o enorme impacto negativo que toda essa desavença está tendo sobre a empresa. O conceito de vocês dois caiu bastante, até mesmo por parte das pessoas que os estão apoiando. Ambos pensam — apesar de nunca terem admitido isso em alto e bom som — que a única solução é que o outro deixe a empresa, e cada um de vocês está tramando para conseguir isso.

— Aqui está a verdade, como eu a vejo — continuei. — A não ser que vocês encontrem uma maneira de recuperar a confiança e o respeito mútuo, toda a empresa estará correndo perigo. Estão dispostos a tentar?

Os dois responderam que sim. — O que é que precisamos fazer?

— Primeiro, vocês precisam entender que nenhum dos dois representa um problema a ser resolvido. Vocês são dois pólos opostos que precisam ser ajustados. Vamos dedicar alguns minutos para descobrir como isso pode funcionar.

Durante uma hora, Brad disse que em toda a sua vida ele tinha tentado ser uma boa pessoa. Tinha sido, de fato, o líder nacional dos escoteiros. Os valores que mais prezava eram segurança, coerência, preparação, precaução e responsabilidade. Miles, por outro lado, sempre tinha sido recompensado por ser criativo, inovador, rápido, vigoroso e despreocupado.

Usando uma abordagem adaptada de Barry Johnson, autor de *Polarity management*, convidei cada um deles a dar um nome à sua maneira de agir, baseando-se em algum personagem da literatura ou da história. Brad disse:

— O meu é fácil! Tem de ser Líder dos Escoteiros! Tenho tentado ser melhor do que Miles e mostrar-lhe como ele deveria fazer as coisas. É meu dever, como líder dos escoteiros, manter todos — principalmente Miles — na direção certa e longe de problemas.

— É, posso ver isso — disse Miles. — Que tal este nome pra mim: o Pistoleiro? Sou rápido no gatilho, rápido demais a maior parte do tempo. Impulsivo. Isso gera um pouco de confusão, que está bem pra mim e para alguns outros, mas traz sérios problemas para a empresa. Tenho tentado sutilmente fazer com que Brad pareça lerdo e antiquado.

Esse era o momento da verdade. Ou os dois se armavam da devida coragem, autenticidade e liderança, ou voltavam para o velho hábito da autodefesa. Graças a Deus, os dois foram até o fundo do poço, admitiram suas culpas e chegaram a um ponto até então inimaginável.

— Sinto muito, Miles. Tenho sido sempre tão presunçoso e injusto! Peço desculpas, especialmente por falar mal de você para seus companheiros.

— Eu também. Sinto muito por ser tão difícil de lidar, por estar sempre fazendo piadinhas sarcásticas e gozações nas suas costas.

Os dois pediram perdão em meio a algumas lágrimas de alívio e alegria. Foi um momento sagrado, havia eletricidade no ar, os corações batiam mais rápido. Eles se abraçaram.

Era o momento de colocar isso em prática na empresa. Sugeri que o que precisavam era de uma organização que encampasse *os dois* modos de operar; que se qualquer um deles de alguma maneira "ganhasse" a briga e conseguisse impor a sua maneira de agir, toda a empresa em breve estaria em maus lençóis.

Eles concordaram em concentrar seus esforços, não mais em derrotar um ao outro, mas sim em tentar apoiar o outro, procurando maneiras de fortalecê-lo e torná-lo mais eficiente. Previram maneiras sobre como poderiam sabotar esse acordo e determinaram o que fariam quando isso acontecesse. Ambos prometeram parar de falar mal um do outro e combinaram reunir-se regularmente nos três meses seguintes para avaliarem como estavam indo.

E por falar em coragem, no dia seguinte convocaram uma reunião com os funcionários do alto escalão da companhia. Brad entrou na sala com seu chapéu de Líder dos Escoteiros, e Miles, com um chapéu de *cowboy* e um jogo de pistolas que pertencia ao filho de 8 anos. Devagar e cautelosamente, os dois levaram o grupo a uma interação total, explicando em detalhes os assuntos mais delicados. Todos ficaram espantados. Eles riram juntos, choraram um pouco e no final aplaudiram de pé. Os resultados foram imediatos e surpreendentes.

Os clientes perceberam a diferença. Os mais sensíveis dos indicadores, as secretárias executivas, perceberam a diferença. As esposas perceberam. Os outros funcionários da *holding* perceberam. Eles têm atravessado muitas crises desde então, crises que, segundo eles mesmos admitem, teriam feito o trem parar há algum tempo. E por incrível que pareça, Brad, o rígido Líder dos Escoteiros, soltou-se a ponto de provocar aplausos entusiasmados em uma recente reunião com os funcionários. Miles, neste ínterim, ficou com o orçamento sob sua responsabilidade.

O resultado mais espantoso desse exemplo de coragem e liderança aconteceu na semana passada, quando Brad reuniu toda a cúpula da empresa e anunciou:

— Este é meu último ano aqui. Vou me aposentar no final do próximo ano. Sei que vocês devem estar imaginando quem vou indicar à diretoria para ser meu substituto como Diretor Executivo. Estou muito contente, e de certa forma surpreso, de dizer que será Miles. E é com total confiança e otimismo que faço isso, sabendo que ele tem tudo o que é necessário para conduzir esta empresa rumo ao futuro.

É espantoso o que um pouco de coragem no lugar certo e na hora certa pode fazer.

John Scherer

Assuma uma Posição

U<small>M ÚNICO INDIVÍDUO ARMADO DE CORAGEM REPRESENTA A MAIORIA.</small>
<small>— FONTE DESCONHECIDA</small>

Jackie Robinson ficou famoso quando se tornou o primeiro jogador de beisebol negro a jogar nas ligas principais, ao entrar para o time dos Brooklyn Dodgers. Branch Rickey, dono do time naquela época, disse a Robinson:

— Vai ser duro. Você vai ser insultado e maltratado como nunca sonhou na vida. Porém, se quiser tentar, vou apoiá-lo o tempo todo.

E Rickey estava certo. Jackie sofreu violências verbais (para não mencionar físicas, quando os jogadores corriam para a segunda base). Preconceito racial por parte da multidão de espectadores, dos jogadores do seu próprio time e dos adversários era comum.

Um dia estava sendo particularmente difícil para Robinson. Ele deixou de apanhar duas bolas que foram rebatidas para o chão e a torcida vaiou impiedosamente. Na frente de milhares de espectadores, Pee Wee Reese, o capitão dos Dodgers e que jogava na interbase, foi até ele e colocou o braço à sua volta bem no meio do jogo.

"Isso provavelmente salvou a minha carreira", Robinson refletiu mais tarde. "Pee Wee fez com que eu me sentisse um deles."

Certifique-se de que seus funcionários ou sua equipe sintam que fazem parte de um todo.

Denis Waitley

9

Lições e Percepções

Viva para aprender e você aprenderá a viver.
— Provérbio português

O Cego

CRESCIMENTO SIGNIFICA MUDANÇA E MUDANÇA ENVOLVE RISCOS, MOVENDO-SE DO CONHECIDO PARA O DESCONHECIDO.
— GEORGE SHINN

Ônibus, trens, aviões e aeroportos oferecem um refúgio seguro para que estranhos contem histórias de suas vidas íntimas, sabendo que provavelmente nunca vão se ver novamente. Foi isso o que aconteceu naquele dia de primavera de 1983 no aeroporto de La Guardia. Eu estava aguardando meu vôo quando um homem alto, forte e muito bem-vestido sentiu segurança suficiente para sentar-se ao meu lado e compartilhar comigo a seguinte história:

— Eu estava terminando meu trabalho no escritório, no centro de Manhattan. Minha secretária tinha saído havia meia hora e eu estava arrumando minhas coisas para encerrar mais um dia de trabalho quando o telefone tocou. Era Ruth, minha secretária. Ela estava em pânico.

— Esqueci por engano um pacote importante na minha mesa. Ele precisa ser entregue imediatamente no Instituto dos Cegos, a apenas umas quadras do escritório. O senhor pode me ajudar?

— Você me pegou bem na hora. Eu já estava saindo. Claro, vou levar o pacote para você.

Quando entrei no Instituto dos Cegos, um homem veio correndo na minha direção.

— Graças a Deus o senhor chegou. Temos de começar imediatamente.

Apontou-me uma cadeira vazia próxima a ele e me disse para me sentar. Antes que eu pudesse abrir a boca, estava sentado em uma fileira de pessoas; todas elas enxergavam. Na nossa frente havia uma fileira de cegos, homens e mulheres. Um rapaz de cerca de 25 anos na frente da sala começou a dar instruções.

— Dentro de alguns instantes, vou pedir às pessoas cegas que tentem conhecer a pessoa que está sentada à sua frente. É importante que demorem o tempo que for necessário para distinguir as feições, o tipo de cabelo, o formato do rosto, o ritmo da respiração e assim por diante. Quando eu disser "comecem", vocês vão estender as mãos e tocar a cabeça da pessoa, vão sentir a textura do cabelo, observar se é anelado, liso, grosso ou fino. Tentem imaginar de que cor é. Em seguida, coloquem os dedos na testa. Sintam a força, as dimensões, a textura da pele. Com as duas mãos, examinem as sobrancelhas, os olhos, o nariz, as maçãs do rosto, os lábios, o queixo e o pescoço. Ouçam a respiração da pessoa. Está tranqüila ou acelerada? Podem ouvir as batidas do coração? Ele está batendo rápido ou devagar? Não se apressem — e agora, comecem.

Comecei a entrar em pânico. Eu queria sair correndo daquele lugar. Não deixo ninguém me tocar sem o meu consentimento, muito menos um homem. Ele está tocando o meu cabelo! Meu Deus, é constrangedor! Agora suas mãos estão no meu rosto; estou transpirando. Ele vai ouvir as batidas do meu coração e perceber que estou em pânico. Tenho de me acalmar. Não posso mostrar que estou fora de controle. Senti um suspiro de alívio quando acabou.

— Agora — o jovem instrutor continuou —, as pessoas que enxergam vão ter a mesma oportunidade de conhecer a pessoa que está sentada à sua frente. Fechem os olhos e tentem imaginar que nunca viram essa pessoa na vida. Decidam o que querem saber sobre ela. Quem é ela? Quais são os seus pensamentos? Que tipo de sonhos tem? Estiquem os braços e comecem pela cabeça. Sintam a textura do cabelo. De que cor ele é?

Sua voz ficou mais distante. Antes que eu pudesse me conter, minhas mãos estavam na cabeça do rapaz sentado à minha frente. Seu cabelo parecia seco e áspero. Eu não conseguia me lembrar da cor. Diabos, nunca me lembro da cor do cabelo das pessoas.

Na realidade, nunca olhei para ninguém de verdade. Eu apenas digo às pessoas o que fazer. Elas não são importantes para mim — nunca me importei realmente com elas. Meu negócio era importante, os acordos que fazia eram importantes. Aquele homem que estava ali, tocando e sentindo outra pessoa, definitivamente não era eu, nem nunca seria.

Continuei a tocar a sobrancelha do rapaz, o nariz, as maçãs do rosto e o queixo. Senti que eu estava chorando por dentro. Havia uma ternura no meu coração que eu não conhecia, uma vulnerabilidade que eu nunca tinha revelado a mim mesmo ou a qualquer outra pessoa. Eu sentia e ao mesmo tempo tinha medo. Estava claro para mim que eu logo estaria fora daquele lugar. Eu nunca mais iria voltar.

Sonhos? Será que aquele homem na minha frente tinha sonhos? Por que eu deveria me importar? Ele não significa nada pra mim. Tenho dois filhos adolescentes — não conheço sequer os sonhos deles. Além do mais, tudo o que pensam é em carros, esportes e garotas. Não conversamos muito. Não acho que gostem de mim. Não acho que eu os compreenda. Minha mulher — bem, ela cuida das coisas dela e eu das minhas.

Estou transpirando e respirando com dificuldade. O instrutor nos diz para parar. Abaixo as mãos e me recosto na cadeira.

— Agora — ele continua —, esta é a última parte do exercício. Cada um de vocês terá três minutos para revelar como foi a experiência de conhecer o seu parceiro. Deixe que ele saiba o que você está pensando e sentindo. Conte o que aprendeu sobre ele. Vamos começar pelas pessoas cegas.

O nome dele era Henry. Ele me disse que no início havia se sentido excluído, pois achava que não ia ter um parceiro naquela noite. Estava satisfeito por eu ter chegado a tempo. Continuou me dizendo que eu era realmente corajoso por correr o risco de sentir e me emocionar.

— Fiquei impressionado — explicou — com a maneira com que você seguiu as instruções, apesar de estar resistindo a elas. Seu coração é muito solitário e muito grande. Você quer mais amor na sua vida, mas não sabe como pedir. Admiro a sua disposição para descobrir o lado de você que realmente importa. Sei que você queria sair correndo da sala, mas você ficou. Eu senti o mesmo quando vim aqui pela primeira vez. Mas agora não tenho mais medo de quem eu sou. Para mim é normal chorar, sentir medo, entrar em pânico, querer correr, isolar-me dos outros, esconder-me atrás do meu trabalho. São emoções normais que estou aprendendo a aceitar e a gostar. Você provavelmente vai querer passar mais tempo aqui e aprender a se conhecer.

Olhei para Henry, o rapaz cego, e chorei copiosamente. Eu não conseguia falar. Não havia nada para dizer. Eu nunca havia estado num lugar assim em toda a minha vida. Eu nunca tinha sentido esse tipo de amor incondicional. A única coisa de que me lembro é de dizer para Henry:

— Seu cabelo é castanho e seus olhos são claros.

Ele era provavelmente a primeira pessoa na minha vida cujos olhos eu não iria esquecer nunca mais. Eu era o cego; Henry é que teve a capacidade de ver quem eu era.

Estava na hora de a reunião terminar. Peguei o envelope sob o assento e o entreguei ao instrutor.

— Minha secretária tinha que deixá-lo aqui mais cedo. Lamento que tenha chegado tarde.

O instrutor sorriu e pegou o pacote, dizendo:

— Esta é a primeira vez que dirigi uma reunião como esta. Esperei que as instruções chegassem para que pudesse saber o que fazer. Como não chegaram, tive de improvisar. Não percebi que você não era um dos voluntários regulares. Por favor, aceite as minhas desculpas.

Eu nunca disse a ninguém, nem mesmo à minha secretária, que vou ao Instituto dos Cegos duas noites por semana. Não posso explicar, mas realmente acho que estou começando a sentir amor pelas pessoas. Não conte a ninguém em Wall Street que eu disse isto. Você sabe, este é um mundo cão e preciso ficar por cima — ou não preciso? Acho que eu não tenho mais respostas para tudo.

Sei que tenho muito que aprender se quiser que meus filhos me respeitem. Engraçado, eu nunca disse isso antes. As crianças devem respeitar os pais, ou pelo menos foi o que sempre me disseram. Talvez seja uma coisa mútua. Talvez possamos aprender como respeitar um ao outro. No momento, estou aprendendo a respeitar e amar a mim mesmo.

Helice Bridges

Um Profissional Fora do Comum

A ÚNICA MEDIDA CERTA DO SUCESSO É TRABALHAR MAIS E MELHOR DO QUE SE ESPERA DE VOCÊ.
— OG MANDINO

Fui até o final das prateleiras do estoque, apoiei a testa contra a parede e entreguei-me a alguns momentos de desespero silencioso. Será que minha vida inteira seria assim? Lá estava eu, dois anos depois de sair da faculdade, trabalhando em outro emprego mal-remunerado, estúpido e sem futuro. Até aquele momento eu tinha evitado esta pergunta, simplesmente não pensando sobre o assunto, mas naquele momento, por alguma razão, essa possibilidade terrível se abateu sobre mim. Esse pensamento minou toda a energia do meu corpo. Voltei para casa enjoado, fui para a cama, cobri a cabeça com as cobertas e tentei esquecer o dia seguinte e todos os outros que se seguiriam.

Pela manhã, eu estava um pouquinho mais disposto, mas não menos deprimido. Inquieto, fui trabalhar e acabei aquele serviço maçante.

Havia muitos caras novos no meu emprego naquela manhã — empregados temporários, que ocupavam cargos ainda mais baixos do que o meu. Um deles chamou minha atenção. Era mais velho do que os outros e vestia uniforme. A empresa não fornecia uniformes. Na realidade, a empresa não estava nem aí para o que você vestia, contanto que fosse trabalhar. Mas aquele cara estava bem-arrumado, com calças cáqui bem passadas e uma camisa da firma, completa, com o seu nome, Jim, bordado no bolso. Imaginei que ele mesmo tivesse comprado o uniforme.

Observei-o durante todo aquele dia e em todos os outros dias que ele trabalhou conosco. Ele nunca chegava tarde nem muito cedo. Trabalhava num ritmo estável, sem pressa. Era amável com todas as pessoas, mas raramente conversava durante o trabalho. Fazia as pausas permitidas, no meio da manhã e no meio da tarde junto com todo mundo; mas, ao contrário dos outros, nunca se demorava além do tempo permitido.

Na hora do almoço, alguns retiravam sua comida de sacos de papel, apesar de a maioria pegar as refeições e as bebidas nas máquinas automáticas. Jim não fazia nem uma coisa nem outra. Trazia o almoço numa marmita de alumínio antiquada e o café numa garrafa térmica — os dois, velhos de tanto uso. Algumas pessoas eram descuidadas ao limpar seu lugar na mesa depois de comer. O lugar de Jim era impecável e, claro, ele voltava ao trabalho exatamente na hora. Jim não era apenas estranho, era fora de série — admirável.

Era o tipo de funcionário com que os gerentes sonham. Apesar disso, os outros funcionários também gostavam dele. Não tentava se exibir para ninguém. Ele fazia o que lhe pediam, nem mais, nem menos. Não fofocava, não reclamava ou discutia. Apenas fazia seu trabalho — trabalho comum — com mais dignidade do que eu podia acreditar que fosse possível com aquele tipo de serviço enfadonho.

Sua atitude e todos os seus atos anunciavam que era um profissional. O trabalho podia ser comum; ele não.

Quando o serviço temporário acabou, Jim foi trabalhar em outro lugar, mas a impressão que deixou em mim não se foi. Apesar de nunca termos conversado, ele virou completamente a minha cabeça. Fiz o melhor que pude para seguir seu exemplo.

Não comprei uma marmita ou um uniforme, mas comecei a estabelecer meus próprios padrões. Eu trabalhava como um executivo que estava cumprindo um contrato, como Jim teria feito. Para minha grande surpresa, os gerentes notaram minha nova produtividade e me promoveram. Alguns anos depois, eu mesmo me promovi a um emprego com um salário maior em outra empresa. E assim fui. Finalmente, muitas empresas e muitos anos depois, abri meu próprio negócio.

Qualquer que seja o sucesso que eu tenha alcançado, foi resultado direto de trabalho duro e de sorte, mas acho que a maior parte da minha sorte foi a lição que aprendi com Jim há muito tempo. Respeito não vem do tipo de trabalho que você faz; vem da maneira como você o faz.

Kenneth L. Shipley

Meus preços: Verdades: $200. Intuições: $100. Piadas: $10.

Reproduzido com autorização de Harley Schwadron

126 Maneiras de Combater o Stress

N̄ão fique ansioso pelo dia de amanhã, porque o dia de amanhã cuidará de si mesmo. Basta a preocupação de cada dia.
— Mateus 6:34

Quando eu era calouro na Universidade Valparaiso e deparei com todas as incertezas do futuro acadêmico e da vida profissional, tive a oportunidade de participar de um encontro com o presidente emérito e reitor da universidade. Ele raramente falava em público. Sentado no meio de um pequeno grupo de colegas nervosos, eu aguardava ansiosamente a chegada de um homem que era reverenciado em toda a universidade, para não falar no país e também no exterior, pela excelência de seus feitos e por sua sabedoria.

O dr. O.P. Kretzman chegou numa cadeira de rodas, já bem velho e com dificuldade para enxergar. Podia-se ouvir um mosquito voar. Logo no início, as atenções se voltaram para nós, quando pediu que o grupo fizesse perguntas. Silêncio. Eu sabia que aquela era uma grande oportunidade; portanto, apesar de nervoso, armei-me de coragem para quebrar o gelo e fazer a minha pergunta.

— Que conselho o senhor daria a nós, calouros, para enfrentar todas as escolhas e incertezas do futuro?

Sua resposta foi simples e firme:

— Dê um passo de cada vez.

Nem mais, nem menos. Uma maneira perfeita de combater o *stress* naquele momento e em todos os momentos da minha vida.

Agora, depois de vinte anos no mundo dos negócios, acrescentei algumas outras maneiras de combater o *stress* e ajudar a manter uma vida saudável. Sirvam-se!

1. Mude suas prioridades.
2. Faça pausas prolongadas.
3. Pare e observe.
4. Reveja suas metas.
5. Faça uma massagem.
6. Saia cinco minutos mais cedo.
7. Assista a uma comédia.
8. Deixe tudo nas mãos de Deus.
9. Seja positivo.
10. Organize seu espaço.
11. Compartilhe seus sentimentos.
12. Curta a vida — sinta o perfume das flores.
13. Exija reconhecimento.
14. Siga suas intuições.
15. Ajude os outros.
16. Esfregue os pés e as mãos.
17. Pense que vai dar certo.
18. Cuide da saúde.
19. Não julgue; aceite os outros como eles são.
20. Cuide do jardim.
21. Estabeleça um orçamento.
22. Seja solidário, mas não se envolva demais.
23. Fique tranqüilo e medite.
24. Use a tecnologia moderna para economizar tempo.
25. Organize esquema de transporte solidário e desfrute o passeio.
26. Reserve algum tempo para planejar as coisas.
27. Conte aos outros as graças que recebeu.
28. Tome nota para não se esquecer.
29. Simplifique, simplifique, simplifique.
30. Discuta os problemas com seus companheiros.
31. Evite pensamentos negativos.
32. Inclua na agenda algum tempo para se divertir.
33. Transforme seu ambiente.
34. Siga seu ritmo natural
35. Escolha o lugar certo para mostrar seus talentos.
36. Seja franco.
37. Encare os problemas como oportunidades.
38. Esqueça o passado, pense no futuro.
39. Procure se certificar do que esperam de você.
40. Consulte especialistas.
41. Faça o melhor que puder e pronto.
42. Confie na Providência Divina.
43. Procure ter paciência.
44. Respire fundo.
45. Faça uma caminhada.
46. Acabe tudo o que começar.
47. Tire um cochilo.
48. Cante uma canção.
49. Tome um banho quente.

50. Desabafe, ponha suas preocupações para fora.
51. Delegue poderes.
52. Converse com seu pai ou com sua mãe.
53. Aprenda a dizer não de vez em quando.
54. Mude os prazos finais.
55. Siga seus impulsos.
56. Conte uma piada.
57. Encare os seus medos e acabe com eles.
58. Beba bastante água.
59. Crie uma base de apoio.
60. Divida os projetos grandes em partes.
61. Procure se aconselhar.
62. Seja gentil consigo mesmo.
63. Não deixe que as pessoas se aproveitem de você.
64. Ore por oportunidades.
65. Diga a verdade.
66. Tente ter um sono mais tranquilo.
67. Perdoe e siga em frente.
68. Prepare as refeições antecipadamente.
69. Conserte ou compre um novo.
70. Esteja preparado para esperar.
71. Não tenha a certeza o tempo todo.
72. Concentre-se no momento presente.
73. Pare para almoçar.
74. Leia um livro.
75. Mude de atitude.
76. Ria todos os dias.
77. Goste de si mesmo.
78. Tome complementos vitamínicos.
79. Pare de se cobrar.
80. Evite excessos.
81. Planeje um passeio especial.
82. Seja realista.
83. Relaxe os músculos.
84. Diminua o ritmo e observe.
85. Cultive boas amizades.
86. Desfrute a natureza.
87. Ouça um pouco de música.
88. Limite a quantidade de cafeína e de açúcar.
89. Faça jejum.
90. Seja espontâneo.
91. Ame o seu parceiro
92. Tome um pouco de ar fresco.
93. Cuide-se bem.
94. Ofereça seus préstimos.
95. Participe de grupos de apoio.
96. Mantenha uma boa postura.
97. Respeite seus limites.
98. Faça exercícios regularmente.
99. Saia para dançar.
100. Suspire de vez em quando.
101. Faça ioga.
102. Chore bastante.
103. Arranje tempo para cultivar alguns *hobbies*.
104. Limite as horas de trabalho.
105. Ceda, entre em acordo, coopere.
106. Não protele.
107. Desligue o telefone e a TV.
108. Seja menos exigente.
109. Faça um diário com seus pensamentos.
110. Tire férias.

111. Organize sua mesa de trabalho.
112. Seja flexível.
113. Admita imperfeições.
114. Não acumule sua agenda.
115. Conte seus segredos.
116. Fortaleça seu corpo.
117. Alimente sua fé.
118. Abra uma poupança.
119. Deixe o sol entrar.
120. Ame e seja amado.
121. Aceite os fatos.
122. Trabalhe em equipe.
123. Sorria — abra o coração.
124. Valorize-se.
125. Sonhe acordado.
126. Saiba que Deus o ama!

Tim Clauss

"Descanse um pouco, Marvin! Descanse um pouco!"

Reproduzido com autorização da HarperCollins Publishers, Inc.

Uma Lição de Liderança

O IMPORTANTE NÃO É QUEM ESTÁ CERTO, MAS O QUE ESTÁ CERTO.
— THOMAS HUXLEY

Nasci na África do Sul, dois anos antes de o *apartheid* ter sido instituído como sistema social e político do país. Fui criado com todos os privilégios de um sul-africano branco e me ensinaram que as pessoas que detinham a autoridade máxima também eram as mais competentes. No meu primeiro emprego, um homem desfez todas essas minhas convicções equivocadas.

Aos 20 anos, deixei as praias brancas da Cidade do Cabo, onde havia crescido, para seguir uma carreira em Johannesburgo. "Égoli", a Cidade do Ouro, fervilhava com milhões de trabalhadores tribais. Assim como eu, eles tinham vindo para o centro do país para compartilhar suas riquezas. Trabalhavam — freqüentemente em condições difíceis e com um futuro sombrio — para sustentar a si próprios e a suas famílias que haviam ficado a centenas de quilômetros de distância em sua terra natal. Eu trabalhava esperando que meus sacrifícios fossem recompensados com promoções contínuas na classe administrativa.

Eu trabalhava na fábrica. A idéia era que eu passasse vários meses num departamento da produção para aprender como ele funcionava antes de ser promovido para outro. No final, conheceria a empresa desde a base até o topo e estaria pronto para a escalada administrativa.

No primeiro departamento, eu — um novato — tinha de supervisionar oito homens experientes. Como é que um estagiário podia ter tanta responsabilidade? A resposta, na África do Sul do *apartheid*, era simples: eu era branco e eles negros.

Numa manhã de primavera, fui chamado ao escritório do diretor superintendente, sr. Tangney. Enquanto me dirigia à suntuosa sala particular da administração, eu tremia. Sabia o que ninguém tinha reconhecido abertamente. Eu era incompetente. Durante semanas, havia supervisionado a fabricação de válvulas de água de precisão feitas em latão. Sob minha direção, os trabalhadores produziram uma porcentagem inadmissível de sobras de metal.

— Sente-se, meu garoto — o senhor Tangney disse. — Estou muito satisfeito com o progresso que está fazendo e tenho um trabalho especial para você e o seu pessoal. Veja, parece que as chuvas de granizo este ano vão ser muito fortes outra vez. As chuvas do ano passado danificaram meu carro e os carros de outros três diretores. Eu gostaria que construíssem uma grande garagem para proteger nossos carros.

— Mas, senhor — gaguejei —, não sei nada sobre construção! — Tangney parecia não ouvir.

Fiz o melhor que pude para calcular quais os materiais necessários, encomendei tudo e nos pusemos a trabalhar. Os homens estavam mais quietos do que de costume enquanto faziam exatamente o que eu lhes dizia para fazer. Ensinei-lhes como medir, serrar e pregar as tábuas uma ao lado da outra, formando vários painéis. Visualizei os painéis encaixando-se para formar paredes e um telhado firme. Finalmente, os módulos foram construídos. Era hora de colocar todos juntos. Eu estava ansioso; os homens estavam calados.

Enquanto os outros olhavam, eu ajudava um deles, Philoman, a colocar no lugar um pesado módulo de construção. Ele falava muito pouco inglês. Até esse momento de esforço em conjunto eu nunca o havia olhado nos olhos. Assim como a maioria dos homens negros na África do Sul naquela época, por medo — seria considerado um desafio — Philoman tinha aprendido a desviar os olhos do olhar dos brancos. Enquanto tentávamos colocar o pesado componente no lugar, sem poder nos comunicar com palavras, Philoman e eu olhamos nos olhos um do outro e coordenamos nossos movimentos. Nunca esquecerei seu olhar. Quando nossos olhos se encontraram, minha identidade como supervisor caiu por terra e vi não um homem negro lutando sob uma carga pesada, mas um colega de trabalho.

Contudo, mais uma vez meus cálculos estavam completamente errados. Vendo meu desânimo diante das peças que não se ajustavam, Philoman chamou os outros.

O grupo se reuniu em volta dele, falando e gesticulando agitadamente. Tive a impressão de que estavam decidindo o meu destino. Então, Philoman pegou um pedaço de pau e desenhou um esboço na areia, falando bem alto todo o tempo. De vez em quando, um dos outros acrescentava alguma coisa. Em seguida, enquanto eu olhava desolado, sob a coordenação de Philoman, começaram a corrigir a construção. Depois de algumas horas ficaram satisfeitos. Philoman chamou o grupo e eu juntos e, com um grande sorriso e suor escorrendo pelo rosto, virou-se para mim e disse:

— Nós consertamos.

Eu estava agradecido. Sempre vou me lembrar da lição de liderança de Philoman. Mas ele tinha feito mais por mim do que tinha pretendido. Com grande compaixão e humildade, ele havia me mostrado a verdade do *apartheid* e a mentira que esse sistema apregoava. A condição social não tem nada a ver com a competência. Alguns meses depois, deixei o emprego, mas eu era um jovem muito mais sábio.

Michael Shandler

Mamãe Sabe-Tudo

*T*EMOS QUARENTA MILHÕES DE MOTIVOS PARA FRACASSAR, MAS NEM UMA SÓ DESCULPA.
— RUDYARD KIPLING

No início da década de 1980, eu era gerente de vendas de uma grande companhia de treinamento. Uma das minhas responsabilidades era treinar pessoas na área de vendas. Eu era bom no meu trabalho. Ensinava às pessoas que falta de tempo e de oportunidade eram apenas desculpas por não se ter produzido resultados.

Minha mãe, que morava perto de mim, é uma imigrante grega que vem de uma família de 12 filhos. Ela estudou apenas até o 3º ano primário. Sua grande provação ao vir para seu novo país era estar separada dos amigos e dos parentes, alguns dos quais também vieram, mas a cidade era grande e eles moravam muito distante. O ponto alto de cada semana era o domingo, quando ela enfrentava um trajeto de uma hora de ônibus para ir até a igreja. Depois do culto, enquanto tomava uma xícara de café grego, ela e as amigas conversavam sobre os últimos acontecimentos, fofocavam e contavam histórias sobre suas famílias. Ela fez isso durante trinta anos.

A população grega da nossa região cresceu o suficiente para que se pensasse em construir uma nova igreja no nosso bairro. Os membros do comitê decidiram levantar o capital inicial vendendo bilhetes de uma rifa. Minha mãe agarrou a chance de participar. Ela não tinha treinamento formal na arte de vendas, mas isso nunca passou pela sua cabeça. Seu plano era simples: oferecer bilhetes para o maior número de pessoas possível e fazê-las sentir-se culpadas se não comprassem.

Foi aí que eu entrei em cena. Ela disse que eu era muito importante e que devia conhecer muitas pessoas. Deu-me dez talões com dez bilhetes cada, com o preço unitário de um dólar, fazendo um total de cem dólares. Uma semana depois, eu apareci com apenas metade dos bilhetes vendidos. Grande erro!

— Se pelo menos eu tivesse mais tempo, eu poderia vender todos estes bilhetes que você me deu — eu disse à minha mãe. — Eu simplesmente não tenho tempo.

— Conversa fiada (pelo menos foi o equivalente em grego para conversa fiada). Ou você faz uma coisa ou tem um monte de desculpas para dizer por que não fez — minha mãe disparou de volta. — Você arranjou tempo para jantar fora, assistir televisão, correr e ir ao cinema. O que o tempo tem a ver com isto? Nada! Você pensa que é tão esperto com todo o seu estudo e seu emprego importante, mas não consegue nem mesmo dizer a verdade.

Depois de falar todas essas verdades, ela começou a chorar. Fiquei desolado. Concordei, na hora, em comprar o resto dos bilhetes. Ela parou de chorar imediatamente e disse:

— Quando você quiser alguma coisa, faça qualquer coisa para conseguir, até mesmo chorar. — Sorriu e continuou: — Eu sabia que, se chorasse, iria funcionar com você, e por ser tão patético com suas desculpas aqui estão mais dez talões. Agora vá e venda todos.

Como gerente de vendas, eu perdia feio para minha mãe.

Ela continuou, demonstrando que não arranjando desculpas poderia produzir resultados extraordinários. Ela conseguiu vender mais do que qualquer outro voluntário, fazendo uma média de 14 por 1. Vendeu *sete mil* bilhetes. Sua ameaça mais próxima foi um vizinho que vendeu quinhentos.

Aprendi um novo nível de distinção entre tempo e resultados. Eu sempre quis ter o meu próprio negócio, mas dizia constantemente que não era a melhor hora e que não tinha dinheiro. Porém, eu continuava a ouvir a voz da minha mãe na minha cabeça: "Ou você faz uma coisa ou tem um monte de desculpas para dizer por que não fez."

Seis meses depois, saí do meu emprego e comecei o meu próprio negócio, treinando as pessoas em como administrar o tempo. Que outro campo eu poderia ter escolhido?

Nicholas Economou

Por que os Treinadores Realmente Treinam

O ENTUSIASMO É A CORRENTE ELÉTRICA QUE MANTÉM O MOTOR DA VIDA FUNCIONANDO A TODA VELOCIDADE...

— B. C. FORBES

Estávamos no mês de julho. Aquele tinha sido um ano mais cansativo do que de costume, depois de um árduo período recrutando atletas e saindo de uma temporada particularmente difícil. Como principal treinador de futebol americano da faculdade Canisius, de Buffalo, Nova York, eu havia assumido uma tarefa quase impossível de realizar dois anos antes: coordenar um programa de futebol americano num lugar onde não havia existido nenhum por mais de 25 anos. Depois de pensar bastante e visitar o que parecia ser uma sucessão interminável de colegiais e casas de alunos, consegui reunir o melhor grupo de talentos promissores que eu já havia convocado.

De repente, fui tirado da reflexão que havia imposto a mim mesmo. Minha secretária informou que um rapaz insistia em me ver — ele não estava pedindo, mas insistindo em tom alto e atrevido. Perguntei a ela se ele parecia um "jogador de futebol" (grande, habilidoso e confiante).

— Não, ele parece um cara que está vindo para jogar, se divertir e, talvez, estudar de vez em quando — ela disse.

Pedi a ela para dizer ao garoto que eu iria vê-lo, e também descobrir em que posição jogava e dar-lhe um formulário para preencher.

Ela voltou depois de trinta segundos.

— Ele tem 1,80 de altura, pesa 73 quilos e joga na defesa. Nunca vai conseguir.

Nossos dois jogadores de defesa pesavam mais de 102 quilos. Cada um deles tinha 1,90 e eram titulares havia dois anos.

Como qualquer técnico de futebol americano de faculdade pode confirmar, uma grande parte do nosso tempo é tomado por "pretensos" atletas que insistem em jogar até que, finalmente, chega a hora de aparecer para treinar. Recobrei meu ânimo para o treino costumeiro. Mas não havia maneira de me preparar para o que estava para acontecer. Não apenas para os próximos trinta segundos... mas para o resto da minha vida.

Eu estava a meio caminho do escritório quando fui saudado por uma avalanche de autêntico entusiasmo.

— Alô, treinador Brooks. Meu nome é Michael Gee. Soletra-se G-E-E. Aposto que nunca ouviu falar de mim. Mas vai ouvir, eu garanto!

— Você está certo — respondi. — Não tenho idéia de quem você é ou, francamente, o que está fazendo aqui. Terminamos a convocação de jogadores e vamos começar a treinar em menos de seis semanas. Nossa lista está completa. Sinto muito, mas...

— Treinador, já me informei sobre isto. Futebol americano é uma atividade para os estudantes. Eu me candidatei à faculdade e fui aceito como calouro. Quero jogar no time e o senhor tem de deixar. Conheço as regras, treinador, mas deixe-me dizer por que posso ajudá-lo. Fui selecionado antes da temporada no ano passado, como jogador da seleção. Comecei a jogar, mas estava sempre cansado, fraco e não tinha muita força nas pernas. Fui ao médico e as notícias não foram boas. Eu tinha um tumor maligno na coxa. Mas está tudo bem agora, juro. O tratamento de quimioterapia e a reabilitação liqüidaram com ele. Tenho me exercitado. Sei que posso ajudá-lo. Eu garanto! Posso até mesmo correr uma milha sem parar.

Tudo isso me pegou realmente de surpresa. Minha primeira resposta foi insistir em uma alta médica. Ele me deu. Perguntei, então, se seus pais concordavam. Ele me entregou uma carta deles. Ele me ganhou.

Na realidade, Michael Gee me ganhou pelos quatro anos seguintes. Para ser mais exato, eu era um felizardo por poder contar com ele. Depois de três jogos, tornou-se titular. Levava o time a vitórias. Conseguia fazer com que a equipe parasse o adversário. Nosso inspirado líder tornou-se o capitão do time. Foi considerado um dos melhores jogadores do país e chegou a jogar na seleção! Além do mais, tinha um ótimo desempenho escolar e atuava em todos os setores do campus.

E Michael Gee saboreou a vida. Quando tive a felicidade de conquistar a 50ª vitória da minha carreira, foi o primeiro jogador a me cumprimentar. Quando derrotamos nosso maior adversário, ele me carregou nos ombros. Quando perdíamos um jogo difícil, era o primeiro a dizer:

— Ei, o que é isso, treinador! É apenas um jogo.

Mike Gee foi a primeira babá do nosso filho e o tipo de rapaz que eu esperava que nosso filho se tornasse.

Sempre imagino o que o trouxe para a minha vida. Certamente não tenho a resposta, mas uma coisa posso afirmar: aprendi muito mais com ele do que algum dia ensinei a ele, e isso foi um presente — do tipo que realmente faz com que os treinadores continuem treinando.

William T. Brooks

Deixe sua Luz Brilhar

A ESSÊNCIA DA GENIALIDADE É FAZER USO DAS IDÉIAS MAIS SIMPLES.
— CHARLES PEGUY

Numa pequena cidade distante, um homem abriu seu próprio negócio — uma loja com grande variedade de artigos baratíssimos, em uma esquina. Ele era um homem bom. Era honesto e cordial, e todos gostavam dele. As pessoas compravam os produtos que ele vendia e indicavam sua loja para os amigos. O negócio cresceu e ele expandiu a loja. Em questão de anos, transformou sua única loja numa cadeia de lojas de costa a costa.

Um dia, ele ficou doente e foi levado para o hospital. O médico temia que sua vida estivesse no fim. Então ele reuniu os três filhos adultos e lhes propôs um desafio:

— Um dos três vai se tornar o presidente da companhia que levei anos para erguer. Para decidir qual de vocês merece ser o presidente, vou dar a cada um uma nota de um dólar. Saiam e comprem o que puderem com este dinheiro, mas quando voltarem a este quarto de hospital, hoje à noite, o que quer que seja que vocês tenham comprado terá de encher este quarto de canto a canto.

Os filhos ficaram entusiasmados com a oportunidade de dirigir uma organização tão bem-sucedida. Todos foram à cidade e gastaram a nota de um dólar. Quando voltaram ao hospital à noite, o pai perguntou:

— Filho número um, o que você fez com o dinheiro?

— Bem, papai — ele disse —, fui à fazenda de um amigo e comprei dois fardos de feno com o dinheiro.

Dizendo isso, o filho saiu do quarto, buscou os dois fardos de feno, desamarrou-os e começou a jogá-lo para o ar. Por alguns instantes o quarto ficou cheio de feno; mas depois de alguns minutos ele se acomodou no chão e não o cobriu de canto a canto, como o pai havia proposto.

— Bem, filho número dois, o que você fez com o dinheiro?

— Eu fui até a Sears — ele disse — e comprei dois travesseiros de plumas.

Ele, então, trouxe os travesseiros para dentro do quarto, abriu-os e espalhou as plumas por todo o quarto. Depois de algum tempo, elas se assentaram no chão e o quarto não ficou completamente cheio.

— E você, filho número três — o pai perguntou —, o que você fez com o dinheiro?

— Peguei o dinheiro, papai, e fui até uma loja do tipo que você tinha antigamente — disse o terceiro filho. — Dei ao proprietário minha nota de um dólar e pedi-lhe que a trocasse por moedas de menor valor. Investi cinqüenta centavos do meu dinheiro em alguma coisa que valesse bastante a pena, como manda a Bíblia. Em seguida, dei vinte centavos a duas entidades filantrópicas da cidade. Doei mais vinte centavos à igreja. Com os dez centavos que sobraram, comprei duas coisas.

O filho enfiou a mão no bolso e tirou uma caixa de fósforos e uma pequena vela. Ele acendeu a vela, apagou a luz e o quarto todo se iluminou. De canto a canto, o quarto ficou cheio — não de feno, não de plumas, mas de luz.

O pai ficou deliciado.

— Parabéns, meu filho, você será o presidente da companhia, porque você consegue compreender uma lição muito importante sobre a vida. Você sabe como deixar a sua luz brilhar. Isso é muito bom.

Nido Qubein

Um Desdobramento Espiritual no Banco Mundial

APRENDI ISTO, PELO MENOS, COM MINHAS EXPERIÊNCIAS: SE ALGUÉM AVANÇA CONFIANTE NA DIREÇÃO DOS SEUS SONHOS E TENTA VIVER A VIDA QUE IMAGINOU, VAI ENCONTRAR UM SUCESSO INESPERADO NAS HORAS MAIS INESPERADAS.
— HENRY DAVID THOREAU

No fim de 1992, eu estava terminando o segundo esboço do meu livro, A Guide to Liberating Your Soul.* Para fazer uma avaliação, convidei cerca de 12 colegas do Banco Mundial espiritualmente motivados para discutir as idéias e teorias expressas no livro. Mantivemos uma série de seis encontros na hora do almoço.

Algumas semanas depois, aceitei o desafio de um novo trabalho como assistente de um dos vice-presidentes, e dois colegas do grupo que participaram da discussão do livro me perguntaram se eu poderia formar um grupo de estudos de temas espiritualistas. Achando que estaria muito ocupado, pedi orientação interior — um sinal da minha alma.

Dias depois, duas mulheres que eu não conhecia me telefonaram, depois de ler em uma reportagem sobre um seminário que eu havia dado na África do Sul sobre "Libertação da Alma". Elas também eram funcionárias da empresa e perguntaram se eu poderia formar algum tipo

---

* Publicado pela Editora Cultrix com o título de Um Guia para Libertar a sua Alma.

de grupo de estudo espiritual no Banco Mundial. Eu tinha pouco tempo para organizá-lo, mas elas disseram para não me preocupar.

— Apenas nos diga o que fazer e nós faremos.

Eu tinha recebido o sinal. Este foi o começo da Sociedade de Desenvolvimento Espiritual (SDE). Nosso propósito incluía:

- Promover uma transformação pessoal pelo autoconhecimento e compreensão e despertar nas pessoas uma consciência mais profunda.
- Criar um fórum seguro para a troca de crenças e idéias que promovessem uma percepção espiritual.
- Encorajar a integração de um nível maior de consciência em todos os aspectos da nossa vida.
- Tentar criar, dentro do Banco Mundial, uma consciência de amor e compreensão que contribuísse para mudar a maneira de agir uns com os outros.

Poucos meses depois da primeira reunião, cerca de quarenta a cinqüenta pessoas estavam participando. Apesar do medo inicial para saber como nossos colegas iriam reagir à nossa sociedade, logo se tornou perfeitamente respeitável ser associado da SDE.

O maior impulso para a sociedade veio depois de poucos meses. O *Washington Post* publicou um artigo sobre a SDE numa revista. A direção do banco ficou particularmente contente com o seguinte tópico do artigo: "O Banco Mundial, na esquina das ruas 18º e H, normalmente considerado apenas mais um dos pilares institucionais na estrutura do poder em Washington, está adquirindo renome por se preocupar em expandir a consciência das pessoas." Logo começamos a receber telefonemas de pessoas que trabalhavam na região do centro da cidade e queriam participar de nossas reuniões semanais.

O número de sócios pulou para quase quatrocentos. Estabelecemos sessões mensais de meditação, criamos grupos de interesse especial, fizemos dois retiros e publicamos dois boletins informativos. Os membros diziam que as reuniões tinham um impacto profundo, tanto na vida profissional como na vida pessoal. Estávamos dando alimento às suas almas.

Do comitê geral dos trabalhos veio também a idéia de uma conferência internacional para explorar a ligação entre os valores espirituais e um desenvolvimento sustentado. Depois de uma hesitação inicial, o

Banco Mundial concordou em patrocinar a conferência. O auditório estava lotado, com mais de 350 pessoas de mais de vinte países. Ouvi pessoas dizerem: "Estou muito impressionado."

O mundo dos negócios achava difícil acreditar que aquele baluarte do conservadorismo estava promovendo uma conferência sobre valores éticos e espirituais relacionados com o desenvolvimento. A verdadeira importância da conferência e da Sociedade de Desenvolvimento Espiritual foi que os funcionários do banco a partir daquele momento tiveram permissão para falar sobre valores espirituais no desenvolvimento e para levar o coração e a alma para o trabalho.

Richard Barrett

Palestras, Seminários e Cursos

P.O Box 30880 — Santa Barbara, CA 93130
fax: 805-563-2945 — E-mail: soup4soul@aol.com
   Você pode entrar em contato conosco no endereço acima para participar de palestras ou para ter acesso aos nossos boletins informativos, outros livros, fitas, seminários e programas de treinamento.

QUEM É JACK CANFIELD?

Jack Canfield é uma das maiores autoridades em desenvolvimento do potencial humano e eficiência pessoal. É um orador dinâmico e cativante e um treinador altamente solicitado. Ele tem uma fantástica habilidade para informar e inspirar o público a desenvolver auto-estima e obter o máximo desempenho.

Jack é o autor e o narrador de inúmeros programas de fitas de vídeo e cassetes incluídos entre os mais vendidos, entre eles: *Self-Esteem and Peak Performance, How to Build High Self-Esteem, Self-Esteem in the Classroom* e *Chicken Soup for the Soul — Live*. É visto regularmente em programas de televisão como *Good Morning America, 20/20* e *NBC Nightly News*. É o co-autor de vários livros, inclusive a série *Chicken Soup for the Soul, Dare to Win* e *The Aladdin Factor* (todos com Mark Victor Hansen), *100 Ways to Build Self-Concept in the Classroom* (com Harold C. Wells) e *Heart at Work* (com Jacqueline Miller).

Jack é um conferencista que normalmente se apresenta em associações profissionais, escolas, órgãos do governo, igrejas, hospitais, organizações de vendas e empresas. Seus clientes incluem a American Dental Association, a American Management Association, a AT&T, Campbell Soup, Clairol, Domino's Pizza, GE, ITT, Hartford Insurance, Johnson & Johnson, a Million Dollar Roundtable, NCR, New England Telephone, Re/Max, Scott Paper, TRW e Virgin Records. Ele pertence também ao corpo docente da Income Builders International, uma escola para empresários.

Jack dirige um programa anual de oito dias de Treinamento de Instrutores nas áreas de auto-estima e máximo desempenho. Esse programa atrai educadores, consultores, instrutores de empresas, oradores profissionais, orientadores de pais, sacerdotes e outras pessoas interessadas em desenvolver suas habilidades de oratória e liderança de seminários.

Para mais informações sobre os livros de Jack, fitas e programas de treinamento ou para contratá-lo para uma apresentação, por favor entre em contato com:

The Canfield Training Group
P.O.Box 30880. Santa Barbara, CA 93130
fone 800-237-8336 • fax 805-563-2945
website: http:/www.chickensoup.com
para enviar e-mail: soup4soul@aol.com
Para receber informações por e-mail:
chickensoup@zoom.com

Quem é Mark Victor Hansen?

Mark Victor Hansen é um orador profissional que nos últimos vinte anos fez mais de quatro mil apresentações para mais de dois milhões de pessoas em 32 países. Suas apresentações incluem técnicas e estratégias de vendas, fortalecimento e desenvolvimento pessoal e como triplicar sua renda e duplicar suas horas de folga.

Mark tem dedicado toda uma vida à missão de fazer uma diferença profunda e positiva na vida das pessoas. Ao longo de sua carreira, tem inspirado centenas de milhares de pessoas a construir um futuro mais sólido e significativo para elas mesmas estimulando a venda de mercadorias e serviços no valor de bilhões de dólares.

Escritor prolífico, ele é o autor de *Future Diary, How to Achieve Total Prosperity* e *The Miracle of Tithing*. É também co-autor da série *Chicken Soup for the Soul, Dare to Win* e *The Aladdin Factor* (todos com Jack Canfield) e também *The Master Motivator* (com Joe Batten).

Mark produziu também uma biblioteca completa de programas de fitas de áudio e vídeo de auto-ajuda que possibilitam que seus ouvintes reconheçam e usem suas habilidades inatas nos negócios e na vida pessoal. Sua mensagem tornou-o uma personalidade popular no rádio e na televisão, com participações na BBC, NBC, CBS, HBO, PBS e CNN. Ele também foi capa de inúmeras revistas, dentre as quais *Success, Entrepreneur e Changes*.

Mark é um homem grande com um coração e um espírito do mesmo tamanho — uma inspiração para todos os que procuram melhorar a si próprios.

Endereço para correspondência:

P.O.Box 7665
Newport Beach, CA 92658
fone 714-759-9304 ou 800-433-2314
fax 714-722-6912

Quem é Maida Rogerson?

Nascida na ilha Prince Edward, no Canadá, o cenário de *Anne of Green Gables*, Maida Rogerson é atriz, cantora e escritora. Sua notável carreira de trinta anos no teatro e na televisão levou-a do Atlântico até o Pacífico e do norte do Canadá até Hollywood. Seus filmes no cinema e na televisão incluem *Between Friends*, com Elizabeth Taylor e Carol Burnett, e *Heartsounds*, com Mary Tyler Moore e James Garner. Estudou ópera na Itália e já representou para a rainha Elizabeth II, da Inglaterra.

Maida gosta de explorar uma grande variedade de expressões artísticas. É uma leitora ávida, com interesse especial em diversidade cultural e uma grande apreciação pela arte folclórica, *world music* e danças típicas. Já viajou para o Oriente, Oriente Médio, América do Sul e Europa. Onde quer que vá, Maida coleciona histórias comoventes e abre os corações para as riquezas e as alegrias da vida.

Desde que se mudou para os Estados Unidos em 1990, Maida trabalha com o marido, Martin Rutte, explorando a integração dos valores espirituais no local de trabalho. Suas contribuições para sua companhia, Livelihood, incluem a confecção de discursos, pesquisas e desenvolvimento de seminários. De sua casa em Santa Fé, no Novo México, ela continua sua carreira de atriz e acabou de fazer dois filmes. Atualmente, Maida está fazendo pesquisas para dois novos livros que tratam do poder do agradecimento e de como a organização pode simplificar a nossa vida.

Seu trabalho reflete um desejo e compromisso profundos de ajudar as pessoas a abrir seus corações e a corroborar para a união de toda a humanidade. Ela acredita que as histórias contadas no teatro, nos livros e em outros tipos de veículos têm o poder de comover, inspirar e mudar as pessoas. Você pode entrar em contato com Maida na:

Livelihood
64 Camerada Loop
Santa Fe, NM 87505
fone: 505-466-1510 • fax: 505-466-1514

Quem é Martin Rutte?

Martin Rutte é conferencista e consultor internacional. Como presidente da Livelihood, firma que presta consultoria em administração em Santa Fé, no Novo México, ele explora o significado mais profundo do trabalho e sua contribuição para a sociedade. A companhia enfoca a visão estratégica, o espírito corporativo e a liderança criativa.

Martin tem trabalhado com organizações como a Southern California Edison, Sony Pictures Entertainment, Labatt Breweries, o World Bank, Quad/Graphics, Virgin Records e London Life Insurance, ajudando-as a expandir suas perspectivas e a se posicionarem para o futuro. Foi o primeiro canadense a falar para a Corporate Leadership & Ethics Forum da Harvard Business School, voltando durante quatro anos consecutivos como conferencista de honra. Discursou também em duas ocasiões para reuniões conjuntas das Câmaras Americana e Canadense de Comércio em Hong Kong.

Um líder no campo emergente de como lidar com a espiritualidade no local de trabalho, Martin está empenhado em reunir os negócios com sua fonte natural de criatividade, inovação e compaixão. Seu trabalho pioneiro sobre a espiritualidade no local de trabalho foi apresentado no especial da ABC-TV, "Criatividade: Entrando em contato com o Divino". Foi também o apresentador de honra da primeira Conferência Internacional sobre Espiritualidade nos Negócios, realizada em Mazatlan, no México.

Artigos sobre seu trabalho inovador foram publicados no *Miami Herald*, no *Toronto Star, South China Morning Post, Personnel Journal* e no *St. Louis Post-Dispatch*. Atualmente, está trabalhando em um novo livro intitulado *Being in Business: The Renaissance of Spirit at Work*.

Martin é um dos membros da junta consultiva da Money Concepts, no Canadá. Foi membro da diretoria da Global Family e do Hunger Project-Canada e do comitê da Associação Canadense de Câncer. Gosta de monotipia, viagens internacionais e de entrar em contato com outros empresários inovadores.

Para maiores informações sobre os discursos, fitas e consultorias de Martin, por favor, entre em contato com:

Livelihood
64 Camerada Loop
Santa Fe, NM 87505
fone: 505-466-1510 • fax: 505-466-1514

Quem é Tim Clauss?

Tim Clauss é educador na área de negócios, líder de seminários e conselheiro espiritual talentoso. Como consultor particular preocupado com o conhecimento intuitivo, tem apoiado milhares de pessoas para que elas possam atingir melhores resultados e viver uma vida mais satisfatória. É muito respeitado por sua integridade, percepção e sensibilidade frente às situações e sua dedicação em promover melhoras positivas na vida das pessoas.

Tim vem atuando como organizador profissional há vinte anos, ajudando pessoas e empresas a "colocar ordem" e eficiência no ambiente que as cercam. Figuram entre seus clientes desde empresas, hospitais, empresários, organizações sem fins lucrativos, até uma campanha para a vice-presidência dos Estados Unidos, em que trabalhou como coordenador.

Tim gosta de escrever profissionalmente. Como vice-presidente e líder de seminários de uma firma de gerenciamento sediada em Chicago, é o co-autor dos cursos de treinamento intitulados *The Success Factor, Managing for Extraordinary Results* e *Completing to Move On*. Como integrante da Global Family, uma organização pacifista sem fins lucrativos representada em quarenta países, é o co-autor de *Social Creativity and Cooperation for the 1990's* e continua trabalhando como consultor e editor do boletim informativo internacional da organização.

Atualmente, mora no norte do Novo México, onde é sócio da Taos Massage & Wellness Center. Além do trabalho como consultor, gosta de lecionar economia em escolas locais de cura natural. Seu próximo livro concentra-se em levar ordem e simplicidade para estilos de vida agitados. Endereço para correspondência:

P.O Box 1777
Ranchos de Taos, NM 87557
fone: 505-751-1492

COLABORADORES

Algumas histórias deste livro foram tiradas de outros livros que lemos. Essas fontes são mencionadas na sessão de autorizações. Outras histórias e poemas foram contribuições de amigos nossos que pertencem ao mundo dos negócios. Se você quiser entrar em contato com eles para obter informações sobre seus livros, fitas e seminários, pode fazê-lo por meio dos endereços e telefones relacionados abaixo.

Algumas histórias nos foram enviadas por leitores como você, que responderam aos nossos apelos. Incluímos informações sobre essas pessoas também.

Joan Wester Anderson é autora de *best-sellers* reconhecida em todo o mundo como uma autoridade em intervenções milagrosas e angelicais na vida diária. Seus livros já venderam mais de dois milhões de cópias. Endereço para correspondência: P.O. Box 1694, Arlington Heights, IL 60006.

Frank Tadeu Ávila é engenheiro e trabalha numa companhia pública de energia elétrica. Como professor universitário e incentivador de equipes, tem como objetivo de vida contribuir para o desenvolvimento de pessoas. Endereço para correspondência: frank.avila@usa.net

Robert R. Ball é o diretor executivo da California Self-Esteem Task Force. É autor e conferencista reconhecido em todo o país, com livros sobre comunicação e auto-estima. Bob faz palestras em corporações, escolas, associações e cruzeiros marítimos. Endereço: 572 Schooner Ln., Longboat Key, Fl. 34228.

Francie Baltazar-Schwartz é conferencista profissional que incentiva a platéia a agir. É especialista em estratégias de comunicação, liderança/treinamento e formação de equipes. Endereço na Internet: http://www.spectracomm.com — Telefone 214-373-8075.

Neil Balter é o autor de "Uma Platéia Cativa", que foi retirado de seu livro *The Closet Entrepreneur* (publicado pela Career Press). O livro pode ser encontrado nas livrarias dos Estados Unidos ou pode ser encomendado pelo telefone 800-955-7373, ou ainda escrevendo para Career Press, 3 Tice Rd., Franklin Lakes, NJ 07417.

Christine Barnes é uma profissional da área de recursos humanos e desenvolvimento organizacional que já trabalhou no Canadá e nos Estados Unidos. Atualmente, trabalha em San Francisco para uma grande empresa de tecnologia e está procurando outras para manter contato sobre espiritualidade nos negócios e na liderança. Telefone 415-382-8552.

Angela Barnett trabalha para uma companhia de seguros em Minneapolis, MN. Ela sempre gostou de contar histórias. *Chicken Soup for the Soul at Work* ofereceu uma oportunidade perfeita para que ela compartilhasse sua história especial e verdadeira.

Richard Barrett é membro da Equipe de Valores do Departamento de Mudanças Institucionais e Estratégias do Banco Mundial. É um conferencista reconhecido internacionalmente que dirige *workshops* e se especializou em transformação pessoal e corporativa. É fundador da Spiritual Unfoldment Society do Banco Mundial e autor do aclamado *A Guide to Liberating Your Soul*. Endereço: P.O.Box 19926, Alexandria, VA 22320 ou o telefone 703-768-9558.

Ken H. Blanchard é presidente da Blanchard Training and Development, uma companhia de gerenciamento, consultoria e treinamento. É conferencista e consultor de negócios bastante solicitado e também autor de vários livros, inclusive do *bestseller The One Minute Manager*. Endereço: Blanchard Training and Development, 125 State Pl., Escondido, CA 92029 ou pelo telefone 800-728-6000.

Sharon Borjesson é ex-professora primária. Casou-se com um oficial da marinha e teve dois filhos; viajou e morou por todo o país. Estabeleceu-se em San Diego em 1969, onde iniciou uma carreira no mercado imobiliário.

Helice Bridges é a criadora da cerimônia mundialmente famosa "Who I Am Makes A Difference" (a cerimônia da fita azul). Sua mensagem já alcançou mais de quatro milhões e meio de pessoas em todo o mundo. Conferencista/comunicadora e escritora famosa, é também uma excelente contadora de histórias. Helice especializou-se em ensinar como obter o máximo das pessoas em um minuto ou menos. Para encomendar Fitas Azuis ou entrar em contato com ela, escreva para: P.O. Box 2115, Del Mar, CA ou ligue para 619-634-1851. Fax 619-634-2746.

William T. Brooks é um ex-treinador de futebol de faculdade e dá 150 palestras por ano. Seus oito livros e centenas de outros métodos de treinamento são usados por milhares de organizações. Endereço para correspondência: The Brooks Group, 1903 Ashwood Ct., Suite C, Greensboro, NC 27455 ou telefone 800-633-7762.

Joyce Ayer Brown é diretora do Serviço de Voluntários de um asilo, onde trabalha há 18 anos. Escreve poesias e freqüentemente as lê em programas de igreja ou para os internos do asilo. Endereço particular: 307 W. Elizabeth Dr., Raymore, MO 64083; telefone: 816-331-1233.

Darrell J. Burnett é um psicólogo que também atua na área esportiva, pai, conferencista de nível nacional, escritor, consultor e treinador voluntário de ligas juvenis. Trabalha há mais de vinte anos com jovens problemáticos e suas famílias em seu consultório no sul da Califórnia e especializou-se em paternidade positiva. Alguns de seus livros publicados são: *The Art of Being a Successful Youth League Manager-Coach, Youth, Sports and Self-Esteem* e *A Guide for Parents*, entre outros. Endereço: Funagain Press, P.O. Box 7223, Laguna Niguel, CA 92607. Telefone: 800-493-5943 ou fax 714-495-8204.

Dave Carpenter é cartunista profissional desde 1976. Seu trabalho já apareceu em várias publicações, incluindo *Wall Street Journal, Good Housekeeping, Forbes,*

Better Homes and Gardens e no *Saturday Evening Post*. Endereço: P.O. Box 520, Emmetsburg, IA 50536. Telefone: 712-852-3725.

Chris Cavert é uma conhecida apresentadora e instrutora de Jogos e Representações direcionados para o desenvolvimento social. Escreveu um estudo de grande alcance (E.A.G.E.R), utilizado para treinar profissionais que prestam assistência a menores. Endereço: Experiential Specialists, P.O. Box 50191, Denton, TX 76206.

Michael Cody, brigadeiro-general aposentado, é conferencista, educador e comunicador conhecido internacionalmente. Ele se especializou em liderança, motivação, gerenciamento, comunicação e importantes seminários. Endereço: 1716 Singletary NE, Albuquerque, NM 87112; telefone: 505-293-3729.

Charles A. Coonradt é o autor de *The Game of Work* e *Managing the Obvious*. Os dois livros são citados como leitura obrigatória na área de gerenciamento. Sua companhia, The Game of Work, Inc., tem melhorado a produtividade e a lucratividade de seus clientes desde 1973. É reconhecido em todo o mundo como escritor, conferencista e consultor. Mais de um milhão de pessoas já ouviram suas idéias singulares. Endereço: 1912 Sidewinder Dr., Suite 201, Park City, UT 84060. Fone 800-438-6074.

Alceu Brito Corrêa é engenheiro eletricista de uma grande empresa estatal brasileira e professor na área de gerência pela qualidade total em importantes escolas, além de ter participado em diversas coletâneas e jornais, no Brasil e no exterior, como poeta e contista. Endereço: CP 6291, Brasília – DF, CEP 70749-970.

Sandra Crowe apresenta seminários e faz palestras sobre tópicos como "Dealing with Difficult People" e "*Stress* Management". É autora da série de fitas *Snakes, Apes & Bees: A Guide to Dealing with Difficult People* e do livro *Since Strangling Isn't an Option... 12 Illuminating Ways to Deal with Difficult People*. Endereço: Pivotal Point, 10836 Antigus Terr. #202, Rockville, MD 20852. Fone 301-984-7818.

Joy Cursi é chamada de Forrest Gump da indústria de limpeza doméstica. Passou quase vinte anos levando consigo as chaves que abrem as portas das casas e da vida particular de seus clientes. Muitas dessas histórias estão incluídas em seu livro *Spring Cleaning for Your Soul*, que está para ser lançado. É uma oradora divertida e motivadora e é possuidora de uma das maiores companhias de limpeza no nordeste do país. Endereço: 156 Seas Dr., Jamestown, RI 02835. Fone: 401-423-3732.

Kenneth G. Davis, Dr. é um médico especializado em viciados em drogas, que dá palestras em todo o país sobre os cuidados consigo mesmo e também sobre a parceria médico-paciente, que ele explora no livro a ser publicado, *Dancing with Your Doctor*. Para obter uma cópia do boletim informativo "Health Yourself", ligue para 409-756-3321.

Mary Ann Dockins é Master Practitioner de PNL (Programação Neurolingüística) registrada/licenciada na área de terapia da linha do tempo e hipnose. Especializou-se nas áreas de auto-estima, energia pessoal e motivação, e também organiza seminários para sobreviventes de câncer. Ela ministra palestras há vários anos, sendo convidada com freqüência a falar nas rádios e televisões locais. Endereço: 2840 Laramie, Irving, TX 75062. Fone: 214-256-1312.

Nicholas Economou é o idealizador do "O Tempo a Meu Lado", planejamento e seminário. Tem treinado milhares de pessoas na área de organização pessoal e estabelecimento de metas. Entre seus clientes estão muitas das companhias Fortune 500. Endereço: RPO 50009, # 15-1594 Fairfield Rd., Victoria, BC, Canada V8S 1G0. Fone: 604-744-1296.

Édson Soares Ferreira, pós-graduado em Administração Pública e de Empresas, é Diretor do Banco do Brasil. Idealizador do "Projeto Criança e Vida", lançado pela Fundação Banco do Brasil, Fundação Orsa e Ministério da Saúde, participa ativamente do Conselho Curador de várias entidades assistenciais.

Wyverne Flatt ministra palestras, presta consultorias e dirige seminários de Boston a Porto Rico e Honolulu. Ele acredita que o aprendizado e o crescimento são processos naturais e divertidos. Endereço: 11107 Wurzbach Rd., Suite 103, San Antonio, TX. Fone: 210-691-2264. Fax: 210-691-0011.

Celeste Fremon é jornalista premiada e autora de *Father Greg and the Homeboys* (Hyperion). Contribui regularmente para a *Los Angeles Magazine*, além de várias publicações nacionais.

Margaret J. Giannini é Ex-Assistente Chefe da Diretoria Médica de Reabilitação e Prostética do Departamento de Assuntos de Veteranos de Guerra em Washington, D.C. Em 1979, foi nomeada pelo presidente Jimmy Carter como a primeira Diretora do Instituto Nacional de Pesquisas sobre Deficiências. É autora de vários livros e faz palestras dentro e fora do país.

Barbara Glanz é escritora conhecida internacionalmente, oradora e consultora especializada em comunicação criativa, desenvolvimento de fidelidade nos clientes e reabilitação do espírito no local de trabalho. É a autora de *The Creative Communicator, Building Customer Loyalty* e *CARE Packages for the Workplace — Dozens of Little Things You Can Do to Regenerate Spirit at Work*. Endereço para contato: 4047 Howard Ave., Western Springs, IL 60558. Telefone: 708-246-8594. Fax: 708-246-5123.

Randy Glasbergen é um dos cartunistas americanos independentes mais publicados, com mais de vinte mil cartuns e vários livros editados em todo o mundo. Seu endereço na Internet é: http://www.norwich.net/~randy/toon.html.

Mário Grieco é médico, presidente de companhia farmacêutica multinacional. Trabalhou nos Estados Unidos, em Porto Rico e no Brasil. Tem ministrado palestras de motivação e aperfeiçoamento profissional na América Latina, Ásia e Pacífico.

Rick Halvorsen é um oficial de correções de 34 anos em Michigan. Dedicou sua história aos pais e à esposa, Kim, que tem estado a seu lado nos bons e maus momentos. Kim foi sua força durante a guerra e sua inspiração para escrever "Pelo Amor do Meu Pai".

Jeff Hoye e sua companhia, Strategic Intent, prestam serviços para organizações como a Ford, a Allied Signal e a Blue Cross/Blue Shield, tendo se especializado no papel participativo do executivo sênior para mudanças em grande escala, baseadas em trabalho de equipe. Telefone para contato: 303-415-2531.

Gary Hruska é vice-presidente assistente de operações de publicações na sede mundial da GTE Directories em Dallas/Fort Worth, Texas, onde dirige e coordena atividades da Core Business Systems. Como uma das figuras principais dos sistemas que deram à companhia o Prêmio Nacional de Qualidade Malcolm Baldridge em 1994, Gary é o presidente do comitê interno que supervisiona as atividades relacionadas com qualidade. É bacharel em ciências pela Northern Illinois University em DeKalb, IL, e fez mestrado na DePaul University em Chicago.

Susan Jeffers é a autora dos *best-sellers* Feel the Fear and Do It Anyway, End the Struggle and Dance with Life, Dare to Connect, Opening Our Hearts to Men, The Journey from Lost to Found, Thoughts of Power and Love, além dos livros e fitas de auto-ajuda *Fear-Less Series* (Inner Talk for Peace of Mind, Inner Talk for a Confident Day, e Inner Talk for a Love that Works). A dra. Jeffers é uma conhecida organizadora de seminários e tem participado de muitos programas na televisão e na rádio.

Gina Maria Jerome é escritora, conferencista e editora. Sua especialidade é mostrar às empresas como expandir sua carteira de clientes sem as dificuldades e os custos da propaganda. Ela pode ser encontrada na Over the Wire, no endereço: 13492 Research Blvd., Ste. 120-126, Austin, TX 78750. Telefone: 512-257-1892; e-mail: jerome@overwire.com

Martin L. Johnson passou mais de 17 anos na indústria das telecomunicações, trabalhando com a Northwestern Bell, a Pioneer Hi-Bred, Intl., e a AT&T. Atualmente é consultor da Comsys Data Services. Doutorou-se em filosofia pela Iowa State University e fez mestrado na Drake University.

James Kennedy é presidente da Success Seekers International e comunicador de sucesso. Participou de várias modalidades de esportes destacando-se no basquete, que jogou pela equipe do Canadá, sendo membro da liga profissional européia. Trabalha com organizações em nível internacional na área de atendimento ao consumidor, qualidade total, liderança e formação de grupos. Telefone para contato: 519-944-7554.

Marilyn Johnson Kondwani é uma palestrante/executiva cujos seminários sobre auto-estima, liderança e aromaterapia inspiram as pessoas a alcançar seu potencial máximo. É co-autora de *Chicken Soup for the Souls of Black Folks* e fundadora da Treasure of Egypt Natural Products. Endereço: P.O. Box 1923, Fairfield, IA 52556. Telefone: 515-472-1802.

Lapis é uma revista que oferece o melhor do pensamento holístico em inúmeros artigos críticos sobre a vida moderna. De visões espirituais e esotéricas até análises ecológicas e políticas, a *Lapis* apresenta as opiniões mais recentes das pessoas mais criativas do mundo. Cada edição contém ensaios fotográficos belíssimos, poesias e histórias de viagens. Contatos pelo telefone: 212-334-0210.

John Lumsden transformou o serviço meteorológico da Nova Zelândia num negócio bem-sucedido de previsão do tempo, levando as pessoas a perseguir com entusiasmo uma visão comum sobre o futuro da companhia. Endereço na Internet: lumsden@met.co.nz. Telefone: 011-644-475-9404.

Nancy Noel Marra é professora há 16 anos. Possui mestrado em educação e apresenta-se com freqüência em conferências profissionais. Recebeu o Presidential Award for Excellence in Science and Mathematics Teaching em 1996. Gosta de escrever e está tentando adicionar a palavra "autora" no seu currículo. Endereço: 224 30th Ave. NE, Great Falls, MT 59404.

Hanoch McCarty, Ed.D., é um disputado conferencista na área da motivação pessoal, cujos programas de treinamento em corporações se concentram em estratégias que desenvolvem a fidelidade do funcionário e do cliente, liberam a criatividade e aumentam a produtividade individual. Seu trabalho utiliza o poder básico da generosidade e da integridade. Ele pode ser encontrado na Learning Resources, P.O. Box 66, Galt, CA 95632. E-mail: kindness@softcom.net. Telefone: 209-745-2212.

Dennis J. McCauley trabalha com cura terapêutica desde 1975. É conhecido por sua habilidade para criar uma atmosfera de calma e interesse onde as pessoas conseguem se reabilitar, curar e crescer enquanto o equilíbrio e a harmonia são restaurados. É também instrutor de tai chi. Endereço: 450 Sherwood Dr., # 308, Sausalito, CA 94965. Fone: 415-331-8880.

Jeff McMullen é conferencista, comunicador e escritor que tem fama internacional de ir de encontro e superar as necessidades dos clientes. Suas palestras são sobre motivação, humor, atendimento ao consumidor, mudança e liderança eficaz. Endereço: 3315 N. Racine St. Appletion, WI 54911. Fone: 414-954-9300.

Rachel Dyer Montross trabalha no setor de atendimento ao consumidor da Southwest Airlines. Atualmente, estuda fisiologia do exercício e psicologia dos esportes e pretende também ser uma treinadora pessoal habilitada.

Bob Moore é um grande escritor, orador e organizador de seminários sobre como desenvolver traços fortes de caráter e motivação pessoal nos estudantes e funcionários. Endereço: 19-B Senate Plaza, Columbia, SC 29201. Fone: 803-799-0493.

Sharon Drew Morgen mudou o conceito de vendas com seu livro *Sales on the Line*, que incentiva vendas baseadas no atendimento ao cliente e voltadas para o comprador. Ela dá treinamento em empresas que estão interessadas em levar a ética para as vendas. Telefone: 505-776-2509.

Júlio Morsoletto, nascido em Barra Bonita – SP, é profissional da área de Finanças e Controladoria, com pós-graduação em Administração de Empresas, tendo trabalhado para grandes grupos brasileiros. Acredita na Administração Holística. Contatos: Rua Prof. Ciro Castro Almeida, 1905/32-D – CEP 38406-279, Uberlândia, MG – Brasil.

John e Ann Murphy tornaram-se terapeutas do humor depois de sobreviverem a um ataque cardíaco. Eles falam para associações, empresas e pessoas de todas as posições sociais que estão sob *stress*. Sua mensagem é: Quem ri por último... vive mais! Endereço: 4 Camelot Dr., Hingham, MA 02043.

Valerie Oberle pertence ao quadro de funcionários da Disney World em Orlando, na Flórida, há 25 anos. Ela é responsável por programas de desenvolvimento profissional oferecidos a homens e mulheres de negócios. Para obter maiores informações, ligue para: 407-824-4855.

Sally K. O'Brien, presidente da S.K. O'Brien, é conferencista, consultora e instrutora especializada em habilidades de comunicação. Nos últimos dez anos tem feito palestras e organizado seminários e oficinas de trabalho nas áreas de habilidades de apresentação, treinamento de vendas e princípios de auto-estima. Endereço para contato: P.O. Box 6522, Hilo, HI 96720. Fax: 808-959-2344.

Jeffrey Patnaude, um dos pioneiros a unir os universos do trabalho e do espírito, é grande professor, orador, escritor, consultor e sacerdote. Uma presença criativa e dinâmica que suscita transformações pessoais e organizacionais, lidera 12 associados, prestando serviços a empresas em todo o mundo nas áreas de liderança, gerenciamento e comunicação. Escreva para The Patnaude Group, 600 Colorado Ave., Palo Alto, CA 94306 ou ligue para 800-275-5382.

Rick Phillips é orador reconhecido internacionalmente, especializado em vendas altamente personalizadas e sistemas de atendimento ao consumidor. Autor de mais de cem artigos, ele fala para milhares de pessoas todos os anos sobre o desenvolvimento de uma Vantagem Injusta. Você pode entrar em contato com a Phillips Sales and Staff Development pelo telefone: 800-525-PSSD (7773).

Kate Porter é sócia da Demosoft Enterprises, uma companhia de software/Internet especializada em educação.

Richard Porter é presidente e diretor executivo da Service Track Enterprises, Inc., firma especializada em alto desempenho na área de atendimento ao consumidor.

Nido Qubein, C.S.P., C.P.A.E., foi presidente da Associação Nacional de Oradores e é um excelente conferencista na área de vendas, gerenciamento e *marketing*. Entre seus inúmeros livros estão *Get the Best from Yourself, Communicate like a Pro* e *Professional Selling Techniques*. Ele pode ser encontrado na Creative Services, Inc., P.O. Box 6008, High Point, NC 27262. Fone: 919-889-3010.

Marty Raphael tem compartilhado suas idéias e seus conhecimentos durante os vinte anos em que atua como executiva de uma empresa. Autora de *Spiritual Vampires; The Use and Misuse of Spiritual Power*, você pode entrar em contato com ela por meio de sua editora, The Message Co., 4 Camino Azul, Santa Fe, NM 87505, fone: 505-474-0998.

Naomi Rhode, R.D.H., C.S.P., C.P.A.E., é ex-presidente da Associação Nacional de Oradores e é conhecida pelo seu discurso dinâmico e inspirador tanto para profissionais da saúde como para empresas. É co-proprietária e vice-presidente da SmartPractice, companhia que atua na fabricação, *marketing* e fornecimento de produtos e serviços para as indústrias ligadas à área de saúde em todo o mundo. Naomi é autora de dois livros inspiracionais: *The Gift of a Family — A Legacy of Love* e *More Beautiful Than Diamonds — The Gift of Friendship*.

Jossyl P. Ribeiro é administrador de empresas formado pela Fundação Getúlio Vargas. Há mais de 15 anos realiza palestras para executivos em vários Estados. Atualmente, exerce a função de Diretor Comercial.

John Scherer é autor de *Work and the Human Spirit* e dos vídeos *Breakthrough Series*. É também o criador do Desenvolvimento Intensivo de Liderança, programa criado para expandir a mente, alongar o corpo e aprofundar o espírito da próxima geração de líderes. Entre em contato com o Center for Work and the Human Spirit no endereço: 421 West Riverside Ave., Spokane, WA 99201 ou pelo telefone: 509-838-8167.

Harley Schwadron é um cartunista independente cujo trabalho aparece regularmente no *Wall Street Journal, Harvard Business Review, National Law Journal, Washington Post, Des Moines Register* e em muitas outras publicações. Endereço: P.O. Box 1347, Ann Arbor, MI 48106. Telefone: 313-426-8433.

Michael Shandler, Ed.D., é presidente da Vision Action Associates, firma de consultoria sediada em Amherst, Massachusetts, especializada em desenvolvimento de organização e liderança. O dr. Shandler é um conferencista reconhecido internacionalmente e autor de sete livros. Seu livro mais recente, *VROOM! Turbo Charged Team Building* foi descrito por Kenneth Blanchard como um livro inovador. Endereço: 47 Summer St., Amherst, MA 01002. Telefone: 413-459-1670.

Kenneth L. Shipley é *designer*/escritor especializado em idéias e palavras que são impressas em produtos de *marketing*. Recebeu mais de cinqüenta prêmios de organizações regionais, nacionais e internacionais. Endereço: 15965 York Rd., Cleveland, OH 44133. Telefone: 216-582-4183.

José Vicente da Silva é economista com mais de 30 anos de vivência em *marketing* de empresas multinacionais e nacionais da indústria farmacêutica, como executivo ou através de sua empresa SJV Consultoria Empresarial. Nestes anos viveu riquíssimas experiências de vida com pessoas interessantes, às quais é profundamente agradecido. Atualmente, dedica-se às mesmas atividades no mercado editorial de livros. Endereço: Rua Dr. Mário Vicente, 374 – Ipiranga. CEP 04270-000, São Paulo. E.mail: jvds@uol.com.br

Linda Stafford é autora de *Crying Wind* e *My Searching Heart* e está escrevendo uma série de romances. Mora com os quatro filhos no Havaí, onde a vida é praticamente perfeita.

LaVonn Steiner, M.S., é conferencista e consultora internacional que motiva a platéia, administradora habilitada e autora de 34 trabalhos para seminários. Possui grande habilidade no treinamento no desempenho de executivos, individual ou em grupo. Ela influencia a atitude das pessoas e estimula mudanças. Você pode entrar em contato com a EXCEL Corp., pelo telefone: 701-255-1919.

Mike Stewart, C.S.P., especializou-se em ajudar organizações de vendas a superar a relutância de fazer contatos e aumentar o número de clientes. Ele dá palestras internacionalmente e organiza seminários sobre tópicos de gerenciamento e aconselhamento de vendas. Pode ser encontrado em Atlanta, GA, no telefone: 770-512-0022.

G. Stillwagon, D.C., Ph.C., é escritor, conferencista, pesquisador, inventor e um quiroprático que está sempre desenvolvendo novas técnicas. É reconhecido internacionalmente por suas contribuições no desenvolvimento do Derma Therm-O-Graph e do Visi-Therm Infrared Electronic Thermography. O progresso do paciente pode ser monitorado e documentado visualmente por essas unidades portáteis não-invasivas de leitura à base de infravermelho. Endereço para contato: Stillwagon Seminars, Inc., 767 Dry Run Rd., Monongahela, PA 15063. Telefone: 412-258-6553. Fax: 412-258-5611.

Judy Tatelbaum, reconhecida como uma autoridade em dor e sofrimento e autora de *The courage to Grieve* e *You don't Have to Suffer* é uma conferencista e treinadora inspirada, que estimula as pessoas a alcançar vidas satisfatórias. Endereço: P.O. Box 601, Carmel Valley, CA 93924. Telefone: 408-659-2270.

Mike Teeley é orador e consultor profissional. Seus seminários sobre atendimento ao consumidor e mudança no gerenciamento trouxeram-lhe reconhecimento nacional. Sua organização é a Service Advocate, e ele publicou recentemente o livro *Change and the Challenge of Leadership: A Handbook for Organizational Excellence*. Endereço para contato: Service Advocate: 3 Butch Songin Circle, S. Walpole, MA 02071. Telefone/Fax: 508-668-1759.

Art Turock faz conferências dentro e fora do país sobre mudança, liderança e fortalecimento pessoal. Suas idéias já foram apresentadas na revista *Success*. Ele fornece materiais personalizados moderníssimos e concede mais de duzentas entrevistas por ano. Telefone 206-827-5238, em Seattle.

Glenn Van Ekeren é um conferencista dinâmico na área de desenvolvimento pessoal, profissional e empresarial. É um profissional atuante na área de recursos humanos, autor dos best-sellers *The Speaker's Sourcebook* e *The Speaker's Sourcebook II* e crítico do *Braude's Treasure of Wit and Humor* e *The Complete Speaker's &Toastmaster's Library*. Glenn também redige o popular boletim informativo Potential. Você pode entrar em contato com ele no People Building Institute. Endereço: 330 Village Circle, Sheldon, IA 51201. Telefone: 712-324-4873.

Denis Waitley é um conhecido escritor e conferencista. Endereço: 800-WAITLEY.

Anne Walton é uma consultora/facilitadora/apresentadora dedicada, motivadora e inspiradora, especializada em mudança e transição. No início do ano, lançou sua primeira fita de meditação orientada, *Enhancing the Journey*. Endereço: #902-1433 Beach Ave. Vancouver, BC, V6G 1Y3, Canada. Telefone: 604-682-1626.

A Dra. Ann E. Weeks é conferencista conhecida em todo o país que oferece ao público estratégias para lidar com as dificuldades do dia-a-dia. Especializou-se em humor e histórias da vida real, que fazem de suas apresentações um prazer. Endereço: P.O. Box 5093, Louisville, KY 40205. Telefone: 502-458-2461.

Mike Wickett é um conferencista muito solicitado que dirige seminários e dá treinamento de vendas para grandes e pequenas empresas, incluindo a IBM, a McDonald's, Boise Cascade, Transamerica, Aetna, State Farm, Century 21 e Northwestern Mutual Life. É presidente da Mike Wickett Enterprises, firma que oferece consultoria de negócios e palestras.

Steven B. Wiley é um aclamado conferencista e comunicador que inclui entre seu público algumas das melhores organizações do mundo. Suas habilidades excepcionais na área de *marketing*, liderança e relações humanas têm sido enaltecidas por publicações importantes, como a *Venture, Entrepreneur, Inc.*, e *USA Today*. As especialidades de Steve abrangem vendas, liderança e motivação. Você pode entrar em contato com The Wiley Group no endereço; 1790 Hoffman Home Rd., Littlestown, PA 17340. Telefone: 717-359-8733.

Jonathan Wygant é presidente da Consciousness Unlimited, que fornece consultores, conferencistas e instrutores de nível internacional para empresas que estão interessadas em transformar o local de trabalho num lugar mais humano. Sua companhia fornece especialistas nas seguintes áreas: comunicação, liderança, inovação, produtividade e integridade. O endereço da Consciousness Unlimited é: 3079 Calle Pinon, Santa Barbara, CA 93105. Telefone: 805-569-0654. Fax: 805-569-9826. E-mail: resource@consciousu.com.

Mohammad Yunus é fundador e diretor do Grameen Bank em Bangladesh.

Roberto Zardo é um profissional atuante nas áreas de educação, treinamento e desenvolvimento e gestão de qualidade total, conferencista, co-autor do livro *Laboratório de Habilidades Gerenciais* (São Paulo, Nobel, 1998), instrutor de *outdoor training* e um apaixonado por histórias. E-mail: zardo@tecsat.com.br — telefone (012) 333-2654.

O Reverendo Aaron Zerah é um ministro religioso interdenominacional, empresário religioso e autor de *From Heaven to Earth: Spiritual Living in a Market-Oriented World*. Conhecido em todo o mundo como conferencista, cronista e professor, ele atua como diretor da Interfaith Seminary. Endereço: 917 Windsor, Santa Cruz, CA 95062. Telefone: 408-459-9484.

Autorizações (continuação da página 4)

Papai Noel. Reproduzido com autorização de Rachel Dyer Montross. ©1996 Raquel Dyer Montross.

Uma vida de trabalho. Reproduzido com autorização de Wyverne Flatt. ©1996 Wyverne Flatt.

Pelo amor do meu pai. Reproduzido com autorização de Rick Halvorsen. ©1996 Rick Halvorsen.

Uma lição do meu pai. Reproduzido com autorização de LaVonn Steiner. ©1996 LaVonn Steiner.

Levando o coração para o trabalho. Reproduzido com autorização de Sharon Drew Morgen. ©1996 Sharon Drew Morgen.

Uma pedra na água. Reproduzido com autorização de Sally K. O'Brien. ©1996 Sally K. O'Brien.

Simplesmente eu não consigo acreditar. Reproduzido com autorização de Mary Ann Dockins. ©1996 Mary Ann Dockins.

Um anjo na soleira. Reproduzido com autorização de Shirley Lord Bachelder. ©1992 Shirley Lord Bachelder. Impresso na edição de dezembro de 1992 da *Reader's Digest.*

Papai Noel vai até Joana. Reproduzido com autorização de Angela Barnett. ©1996 Angela Barnett.

Os Arc'anjos. Reproduzido com autorização de Jonathan Wygant. ©1996 Jonathan Wygant.

Dando prioridade às pessoas. Excerto de *The Top 100 Companies to Work for in America* de Robert Levering, Milton Moskowitz e Michael Katz. Reproduzido com autorização de Michael Katz. ©1993.

Obrigada por acreditar em mim. Reproduzido com autorização de Judy Tatelbaum. ©1996 Judy Tatelbaum.

Um gesto de bondade. Reproduzido com autorização de Mike Teeley. ©1996 Mike Teeley.

O poder de ser humano. Reproduzido com autorização de Robert R. Ball. ©1996 Robert R. Ball.

Uma palavra gentil. Reproduzido com autorização de Scott Adams. ©1995 Scott Adams.

O tira mais jovem do Arizona. Reproduzido com autorização de Michael Cody. ©1996 Michael Cody.

A história da baleia. Reproduzido com autorização de Charles A. Coonradt. ©1996 Charles A. Coonradt.

Rica além da conta. Reproduzido com autorização de Christine Barnes. ©1996 Christine Barnes.

Guiando-se pelo coração. Reproduzido com autorização de Hyler Bracey. ©1996 Hyler Bracey.

Uma jovem chamada Lill. Reproduzido com autorização de James C. Kennedy. ©1996 James C. Kennedy.

Seu trabalho é reconhecido! Reproduzido com autorização de Gary C. Hruska. ©1996 Gary C. Hruska.

O álbum de recortes. Reproduzido com autorização de Gina Maria Jerome. ©1996 Gina Maria Jerome.

Um treinador com alma. Reproduzido com autorização de Darrell J. Burnett. ©1996 Darrell J. Burnett.

O serviço bancário na sua melhor forma. Reproduzido com autorização de Sharon Borjesson. ©1996 Sharon Borjesson.

Uma comissária de bordo apaixonada. Reproduzido com autorização de Glenn Van Ekeren. ©1996 Glenn Van Ekeren.

Fora do cardápio. Reproduzido com autorização de Barbara Glanz. ©1996 Barbara Glanz.

"Vamos começar de novo." Reproduzido com autorização de Richard Porter. ©1996 Richard Porter.

"Ah! Bambini!" Excerto de *Random Acts of Kindness* dos editores da Conari Press. ©1993 Conari Press. Reproduzido com autorização da Conari Press.

Muito mais do que um simples atendente. Reproduzido com autorização de Art Turock. ©1996 Art Turock.

Atendimento ao consumidor não é brincadeira. Reproduzido com autorização de Valerie Oberle. ©1996 Valerie Oberle.

Passe adiante. Reproduzido com autorização de Kenneth G. Davis, M.D. ©1996 Kenneth G. Davis, M.D.

As manhãs de quarta-feira com Elvis. Reproduzido com autorização de Joy Cursi. ©1996 Joy Cursi.

Vaca sagrada. Reproduzido com autorização de Dennis J. McCauley. ©1996 Dennis J. McCauley.

Uma lição de um milhão de dólares. Reproduzido com autorização de Petey Parker. ©1996 Petey Parker.

Como manter um cliente... Mesmo que isso doa. Reproduzido com autorização de Jeff Slutsky. ©1996 Jeff Slutsky.

Além das expectativas. Reproduzido com autorização de Kenneth H. Blanchard. ©1996 Kenneth H. Blanchard.

Criando boas recordações para o amanhã. Reproduzido com autorização de Joyce Ayer Brown. ©1996 Joyce Ayer Brown.

Eu me surpreendi dizendo sim. Reproduzido com autorização de Margaret J. Giannini. ©1996 Margaret J. Giannini.

Não escrevo bem. Reproduzido com autorização de Linda Stafford. ©1996 Linda Stafford.

Quando os sonhos não morrem. Reproduzido com autorização de Marilyn Johnson Kondwani. ©1996 Marilyn Johnson Kondwani.

Debbie Fields consegue um "orientamento". Reproduzido com autorização de Celeste Fremon. ©1996 Celeste Fremon.

Um convite à reflexão. Reproduzido com autorização de Jeff Hoye. ©1996 Jeff Hoye.

Bendito toalete! Reproduzido com autorização de Marty Raphael. ©1996 Marty Raphael.

O abraço de um adolescente. Reproduzido com autorização de Nancy Noel Marra. ©1996 Nancy Noel Marra.

Uma sessão de quiropraxia. Reproduzido com autorização de G. Stillwagon. ©1996 G. Stillwagon.

Fazendo o bem e fazendo bem-feito. Reproduzido com autorização de Hanoch McCarty, Ed.D. ©1996 Hanoch McCarty, Ed.D.

"Chega pra lá!" Reproduzido com autorização de Jeffrey Patnaude. ©1996 Jeffrey Patnaude.

Procure um sorriso e partilhe-o. Reproduzido com autorização de John e Ann Murphy. ©1996 John e Ann Murphy.

Como chamar a atenção deles. Reproduzido com autorização de Ann E. Weeks. ©1996 Ann E. Weeks.

Atitude é tudo. Reproduzido com autorização de Francie Baltazar-Schwartz. ©1996 Francie Baltazar-Schwartz.

Assumindo o comando! Excerto de *The Magic of Genuine Enthusiasm* de Mike Wickett do exemplar nº 62 da *Insight* da Nightingale-Conant. Reproduzido com autorização.

Os fantasmas. Reproduzido com autorização de John Scherer. ©1996 John Scherer.

Para ficar motivado. Reproduzido com autorização de Mike Stewart. ©1996 Mike Stewart.

Crédito, não caridade. Reproduzido com autorização da *Lapis Magazine*. ©1996 Mohammad Yunus.

A pergunta. Reproduzido com autorização de Bob Moore. ©1996 Bob Moore.

O sonho americano de Tony Trivisonno. ©1991 Frederick C. Crawford. Reproduzido com autorização da *Cleveland Enterprise* e da *Reader's Digest*, publicado na edição de maio de 1992.

A confusão do estragão. Reproduzido com autorização do Reverendo Aaron Zerah. ©1996 Reverendo Aaron Zerah.

O verdadeiro significado de companheirismo. Reproduzido com autorização de Steven B. Wiley. ©1996 Steven B. Wiley.

Billy. Reproduzido com autorização de Jeff McMullen. ©1996 Jeff McMullen.

Se eu realmente fosse importante... Reproduzido com autorização de Susan Jeffers. ©1996 Susan Jeffers.

Aquele momento único. Reproduzido com autorização de Chris Cavert. ©1996 Chris Cavert.

Com um pouco de coragem, você vai longe. Reproduzido com autorização de Sandra Crowe. ©1996 Sandra Crowe.

É preciso ousadia! Reproduzido com autorização de Jeff Hoye. ©1996 Jeff Hoye.

Uma platéia cativa. Reproduzido com autorização da Career Press. ©1994 Neil Balter.

Um verdadeiro líder. Reproduzido com autorização de Martin L. Johnson. ©1996 Martin L. Johnson.

O líder dos escoteiros e o pistoleiro. Reproduzido com autorização de John Scherer. ©1996 John Scherer.

Assuma uma posição. Reproduzido com autorização de Denis Waitley e Fleming H. Revell, Co., uma divisão da Baker Book House. Excerto de *The Double Win* de Denis Waitley. ©1985 Denis Waitley.

O cego. Reproduzido com autorização de Helice Bridges. ©1996 Helice Bridges.

Um profissional fora do comum. Reproduzido com autorização de Kenneth L. Shipley. ©1996 Kenneth L. Shipley.

Uma lição de liderança. Reproduzido com autorização de Michael Shandler. ©1996 Michael Shandler.

Mamãe sabe-tudo. Reproduzido com autorização de Nicholas Economou. ©1996 Nicholas Economou.

Por que os treinadores realmente treinam. Reproduzido com autorização de William T. Brooks. ©1996 William T. Brooks.

Deixe sua luz brilhar. Reproduzido com autorização de Nido Qubein. ©1996 Nido Qubein.

Um desdobramento espiritual no Banco Mundial. Reproduzido com autorização de Richard Barrett. ©1996 Richard Barrett.

O ESPÍRITO CRIATIVO

DANIEL GOLEMAN
(autor do best-seller **Inteligência Emocional**)

PAUL KAUFMAN

MICHAEL RAY

Este livro contém uma importante mensagem: a de que a criatividade pode ser cultivada por todos – crianças e adultos, empresas e comunidades inteiras. Como você pode liberar o seu espírito criativo e usá-lo para melhorar a qualidade da sua vida? Este livro o leva a conhecer o processo criativo, fazendo-o entender os reinos da intuição e do "fluxo criativo", onde os nossos esforços estão perfeitamente à altura da tarefa que temos em mãos. Ele oferece uma série de exercícios práticos para aumentar sua criatividade e desfazer hábitos preconceituosos de pensamento, e leva você numa viagem ao redor do mundo contando-lhe histórias inspiradoras sobre o espírito criativo em ação:

- Uma escola revolucionária italiana mostra como liberar a criatividade das crianças.
- O gênio cômico Chuck Jones, lendário criador do coelho Pernalonga, explica por que "a ansiedade é a serva da criatividade".
- Uma inovadora fábrica sueca abre mão da hierarquia e revela todos os segredos da empresa aos funcionários.
- Uma igreja urbana norte-americana usa a antiga arte da escultura para ajudar na reconstrução de uma comunidade.

Repleto de humor e dos altos e baixos da criatividade, *O Espírito Criativo* nos encoraja a investir na paixão, na persistência e na disposição de correr riscos que podem nos fazer sentir a alegria de viver.

EDITORA CULTRIX

A ESTRATÉGIA DO GOLFINHO:
A Conquista de Vitórias num Mundo Caótico
Dudley Lynch e *Paul L. Kordis*

Eis aqui idéias que... podem levar as pessoas que trabalham em empresas a ter uma vida mais plena de realizações, eliminando os medos e as inibições que caracterizam tão bem a atividade empresarial.

MILTON MOSCOWITZ, autor de
The 100 Best Companies for in America.

Lynch e Kordis, em *A Estratégia do Golfinho,* desenvolveram os conceitos que tenho adotado na minha prática de consultoria, levando-os a um ponto de congruência "quase perfeito".

JAMES L. MURPHY, diretor executivo,
de liderança e desenvolvimento organizacional da
U.S. West, Inc., em Denver.

A Estratégia do Golfinho analisa um novo e engenhoso meio de preparar líderes empresariais para aquele audacioso mas excitante "Novo Dia". Os professores de todas as faculdades de administração de empresas do país precisam prestar atenção neste livro.

DON EDWARD BECK,
National Values Center.

A melhor aplicação de estratégias pós-New Age para administração que já conheci.

WARREN BENNIS, eminente professor de
administração de empresas da University of Southern California.

A Estratégia do Golfinho é um manual prático e orientado para os negócios que ensina como ser pessoal e institucionalmente mais receptivo a este novo mundo que está se formando.

RICHARD LAMM,
Center for Public Policy and Contemporary Issues.

A Estratégia do Golfinho é sabedoria prática posta numa forma simples e divertida. É um livro obrigatório.

WILLIS HARMAN,
presidente do Instituto de Ciências Noéticas e
autor de *Higher Creativity.*

EDITORA CULTRIX